# VO LIEBI, LAID UND LARVE

# Vo Liebi, Laid und Larve

Drei Fasnachtsgeschichten aus Basel

Von Rudolf Graber, Peter Pee und Hans Räber

mit Zeichnungen von Ferdi Afflerbach

BIRKHÄUSER VERLAG BASEL

Die drei Fasnachtsgeschichten dieses Bändchens sind anläßlich des 1957 von der staatlichen Literaturkredit-Kommission Basel-Stadt durchgeführten Fasnachtsnovellen-Wettbewerbes prämiiert worden.

© Birkhäuser Verlag Basel, 1959, 1974, 1980

ISBN 3-7643-1143-6

# Buebezigli

VON RUDOLF GRABER

Den Lindenberg hinunter ging's noch im Schuß, aber in der Rheingasse brauchte es ihr ganzes Geschrei und die Hilfe Tatkräftiger, daß sie sich durch das bürstendichte Gedränge vorschieben konnten bis zum großen Fasnachtsstrom. Der Strom floß aus der Greifengasse auf die Brücke hinaus, ohne Unterbruch: Wagen, Pfeifer, Tambourmajoren, Trommler, Kütschlein, Guggenmusigen – sooft auch das Buebezigli hindurchzustoßen versuchte und mitzuziehn, nirgends öffnete sich ein Einschlupf, und immer trauriger und bleicher starrte ihre Laterne über die Leute.

Noch schlimmer wurde es, als ein heranreitender Platzmacher die Sieben und ihren Papierturm erblickte. Er hob sich zornig in den Bügeln hoch, starrte scharf herüber, ließ sich in einer Bewegung heftigen Unmuts in den Sattel zurückfallen und trat das Roß in die Weichen, um möglichst schnell an dem Ärgernis vorbeizukommen. Dann aber besann er sich plötzlich doch anders, zügelte sein Pferd, hielt mit einer unwilligen, aber männlichen Armbewegung seine zwei Nebenreiter zurück und schuf so dem Kinderzug Raum und Einschlupf. Die drei Reiter trugen gewaltige rote Gockelköpfe mit grünen Geßlerhüten und grüne Mäntel, mit glänzenden Hahnenfedern besetzt.

Jetzt marschierte das Buebezigli in der großen Fasnacht mit und auf die Brücke hinaus. Es war der schönste Fasnachtsmontag seit Menschengedenken, die Märzensonne brannte den Kindern auf der hellen Brücke alsbald in die

7

Larven, der zunehmende Mond, fast schon halb voll, gückselte über die Dachkante des Café Spitz auf ihre Rücken und war in dem frühen Nachmittag noch silbergrün wie ein Spritzer Buttermilch.

Ihre Aufstellung war die Frucht langen Streitgezeters und war doch schließlich klassisch geworden: zuvorderst gingen zwei, zuhinterst zwei, und drei gingen im Gänselimarsch in der Mitte.

Die zwei Vordersten waren die Zettelverteiler. Vorher, bis zur Greifengasse, war den beiden streng verboten gewesen, Zettel zu verschenken. Jetzt, seit sie im Umzug waren, durften sie.

Und wie ein losgelassenes Hündlein sprang der Bub rechts vorn an den mächtigen Erwachsenen hinauf und verschwendete seinen Reichtum – eine Minute lang, eine halbe Minute: dann zischelte es hinter ihm aus fünf Larven:

«Bruno, bisch verruggt? Spare! Sonst haben wir änen an der Brugg schon nichts mehr.» Und zornig: « Jetzt hat er einer Frau einen gegeben, wo keine Plakette hat!» Und drohend: «Er mueß hindere! Nehmt ihm die Zettel weg! Do – kumm an Schwanz und schwing d'Pfannedeggel – *ich* will verteile.»

« Jäso!» rief der leichtsinnige Zettelverteiler, nahm einen Sprung in die Luft und wirbelte dazu um seine Achse, daß der Volant seines Altweiberrockes flog. «Wer hat die Zeedel gedruckt? Auf wem seiner Vielfältigungsmaschine, he?» Und bückte sich und hißte das Gummiband

8

wieder auf Hüfthöhe, das seinen schwarzen Taftrock um die Hälfte kürzte. Denn er war bloß ein tischhohes
*altes Tanteli*
unter schwarzem Capottehut, hinter einer Larve, von Bubenhand gebaut, einem wüsten Hexengesicht mit wüstem Riesenzinken, gelbknochig, und blaurot das bißchen Fleisch.

Und dabei verbarg sie ein so stumpfrundes, heiteres Bubengesicht, die schreckliche Larve, ein glitzeräugiges, von nichts gefüllt als Lachen und gedankenlosem Glück. Gedankenlos? Oder surrte doch ab und zu eine Sekunde lang etwas wie ein Gedanke durch das frohe kleine Gehirn?
Allerdings – horch da her!
«Die können mir ja, die Klözi da hinten. Allwäg: ich die

Pfannendeckel! Ich die Zeedel! Und erst noch geb ich, wem ich will – da dem Maiteli einen, das vor Staunen die Hände verschlingt – do, bisch e nätts – und sogar noch kleiner als ich. – Juhu! Und die warme Sonne – gegen heut früh am Morgenstreich, wo wir alle sieben erfrieren wollten – und gar erfroren wären ohne die Kerzen in der Laterne und die Mehlsuppe. Oh, die tolle Mehlsuppe! Oh, die lustigen Zeedel – wie flattern sie! Oh, die Fasnacht!»

Schluß. Aus mit allen Gedanken. Er war aber auch der Jüngste im Zug, ein Erstkläßler – für einen Erstkläßler reichten sie.

Der Zettelverteiler neben ihm, der war schon ein ganz anderes Muster. Er war zwar sein Bruder, aber bereits in der dritten Klasse, das machte zwei Jahr-Ewigkeiten Unterschied, und hüpfte nicht – er schlich und warf den Kopf nicht jubelnd zurück – er hielt ihn schräg geduckt und glänzte nicht durch die Larvenlöcher die Leute an – er belauerte sie: er war

*ein Cowboy*

in aufgekrempelten, viel zu weiten Farmerhosen (einem Burschen aus ihrer Mansarde entliehen) mit Nickelknöpfen, wo Knöpfe hingehörten, und Nickelknöpfen, wo längst keine mehr hingehörten, mit einem Sombrero (vom Estrich: des toten Großvaters Sonntagshut), mit gelber Krawatte auf dem karierten Hemd.

Seine Larve war eine Glotzlarve, blöd heiter, das Gesicht dahinter zwar vom selben gesunden Rundschliff wie das

10

seines Bruders – und doch seltsam boshaft, schon ver-
kniffen.

Warum denn?

Können zwei Jahre ein Kindergesicht so ändern?

Legen wir das Ohr an seinen Kopf – es brodelt drin.

«Meine Wasserpistole! Meine Wasserpistole unter den
Schnitzelbänken! Verborgen – und ganz gefüllt! Noch
kein Tropfen verschossen! Was drin ist – das kriegen die
Richtigen! Zwar hier in der Eisengasse werd ich sie noch

nicht finden, die Richtigen... Pfui Kuckuck, wie schat-
tig, wie kühl durch mein Hemd – so kalt fast wie heut
am Morgenstreich. Hui, wie wir da schlotterten. Wer
hatte denn in der größten Verzweiflung den Einfall, die
Laterne vom Wägelein zu heben und die Hände hinein-
zustecken zwischen ihre Kerzen? Und dann der Mann

11

und die Frau, die zu uns traten und uns mitnahmen zu einer Mehlsuppe... in eine Wirtschaft... besonders die Frau... sie hatte so eine warme dicke Brust, wenn sie einen an sich drückte und einem über die Haare fuhr; Die meinte noch, wir alle seien Engel. Und doch trug ich im Sack schon meine Wasserpistole... aus gestohlenem Geld. Das heißt: gestohlen... ich habe sechzig Rappen daran aus dem eigenen Sparbüchslein... geklaut, muß ich allerdings sagen – ich hätte ja keine Wasserpistole kaufen dürfen. Die sechzig Rappen kriegte ich zwar flott heraus aus der Büchse, trotzdem Mutter das Schlüsselchen bei sich trägt... flott... Und die übrigen fünfzehn Rappen – wie schön haben wir die der Mutter zu dreien Malen vom Kommissionengeld wegge... ge... gezwackt, meine Schwester und ich. Sie hat geweint dabei... Bloß, daß sie auch in den Keller kommen durfte und zusehn, das Maitli das, wie wir Buben die Laterne bauten, bloß dafür hat sie's getan. Hinter dem Stubenofen, in der Bretterritze – hei! wie geschickt haben wir dort drin, tief drin, die Nickelstücke versteckt. – Schau, da sind wir wieder in der Sonne, auf dem Marktplatz. – Jetzt wird's gleich spritzen – und wie! Dort, vor ihrem Posten, dort stehn sie doch immer, so zwei, drei Blaue, und strecken die Augen aus dem Kopf nach jeder Velonummer, die schief hängt, und nach jedem Arm, der zu spät gereckt wird... Die sind nicht besser als die Lehrer... vielleicht sogar schlimmer. Sie haben Pistolen und könnten mich niederschießen, wenn sie wüßten, daß ich die fünfundsiebzig

Rappen gefilzt habe. Wart, da steht einer ganz zuvor-
derst... ahnungslos... und staunt.»

«Wänd Sie e Schnitzelbank?»

Zsss–sch!

«Saubueb!»

«Hihi! Und er darf mir nicht einmal etwas machen, weil
ich eine Maske bin. Ou! und dort der Lehrer Zündter –
er ist zwar noch ein glatter in der Handi (Handarbeit) –
aber er ist einenweg ein Lehrer – und lacht jetzt und hat
das ganze Maul voll Gomfetti – dem spül ich sie her-
unter.»

Psch–ss!

«Dräggspatz!»

«Huhu! und wenn jetzt gar der Vater noch irgendwo
stünde... würde ich mich getrauen? Die Mutter würde
ich ja nur ein wenig kitzeln unterm Kinn mit ein paar
Tröpfelein... das Wasser ist auch schon ganz warm ge-
worden von meiner Hand... Aber dem Vater... Mei!
der würde mich versalzen, wenn ich heimkäme... Und
dort steht gar noch ein Pfarrer! Vielleicht komme ich in
die Hölle, wenn ich ihm gebe... aber wenigstens an den
Hutrand pfeffr' ich ihm einen Sprutz.»

Psch!

«Du – das macht man sonst mit Spreuer.»

«Blöd – sie hat fast kein Wasser mehr gehabt, die Pistole.
Ich muß sie wieder füllen... am nächsten Brunnen... wo
hat's denn einen? Unten am Münsterberg. Hü, vor-
wärts!

Warum stoppt nur der Waggiswagen vor uns immer noch? Hü denn endlich, in die Freie Straße hinein! Er kommt nicht durch die Druggete, der Wagen. Dort der Baukran auf dem Trottoir... der bretterne Durchschlupf drum herum... Und was für Ruinen dahinter! Da reißen sie gleich zwei oder drei Häuser nieder, nicht nur eins wie bei uns. Und dort an der Ecke... die Goldene Apotheke... steht denn die auch nicht mehr? Der Riesenkran – gegen unsere Binggislaterne... Die Riesenlücken – gegen unser Spottbild... Ich hab es immer gesagt: unser Zügli wird nichts nutzen, unser Haus wird trotzdem abgebrochen werden. Aber dann hat der Urs gerufen (der weiß ja auf alles eine Antwort): «Zum Bessermachen ist die Fasnacht nicht» – aber den Kropf haben wir wenigstens geleert und den Abbrechern und Leutevertreibern die Schande gesagt... Den Kropf geleert... Was hab ich davon, wenn wir auf den ersten Juli ausziehen müssen und noch keine Wohnung wissen!

Hüscht und hott! Jetzt geht's wieder voran! Hei, die Gomfettiwolken da in der Freien! Wie ein Gewitter... blau und rot und gelb! Alle Leute bestreut mit Räppli! Oh, die schönen Fräuleinhaare mit den tausend-tausend Farbspriggeli drin!

Auf unsere Laterne aber achtet ja keiner. Wir hätten alles grad so gut sein lassen können. Und hätten weniger Arbeit gehabt. Den Kropf leeren... deswegen hab ich doch Angst. Vater schimpft und tobt, seit uns die Wohnung gekündigt ist, und macht schlechte Geschäfte in seinem

Unmut – und Mutter tut dergleichen, sie sei zuversicht-
lich und schläft nachts nicht und weint heimlich.

Wirft überhaupt ein Mensch einen Blick in unsern Buben-
schnitzelbank? Ich schlag ihn von jetzt an allen großen
dicken Leuten mit einem Knall in die Hand... die sind
reich, die Dicken, und haben Häuser, wo wir Platz drin
fänden. Vielleicht wenn einer liest:

‚Si ryssen unser Hüsli ab
Über unsere Köpf,
Die Tröpf.
Aber wo mer underschlupfe,
Mir Gnöpf,
Duet ihr Gwisse gar nit stupfe,
Gar nit zupfe,
Gar nit rupfe...'

vielleicht wenn einer das liest...

Aber rauscht da nicht hinter den vielen Leuten der Mün-
sterbergbrunnen? Ich renn einfach aus dem Zug und füll
die Pistole wieder – für die nächsten Lehrer und der-
gleichen. Witsch, ab!»

Er witschte ab, der Cowboy, witschte mit gefüllter Pi-
stole zurück, wurde mit einem Zornwort aus der Mitte
des Zügleins empfangen:

«Das macht e Fasnächtler nit – uß em Zug abrenne!
Nimm Spreuer!»

Aber ein helleres Bubenstimmlein von ganz am Ende
flehte:

«Komm, spritz das Roß da weg – es beißt mir immer von

meinem Strohhut ab – jetzt schon das fünfte Stück.»
«Vorne blybe!» befahl die Stimme aus der Zugmitte.
«Hü, vorwärts!»
Und bergauf ging's, dem Waggiswagen nach, das steilste
Stück der Freien Straße hinauf.

*Ein Kemmifeger*
zog den Laternenwagen hinter den zwei Zettelverteilern
her. Niemand half ihm, mit beiden Händen zog er, zog
vornübergebeugt an der Deichsellatte.
«Hü», rief es hinten. «Kasch nit schnäller?»
Und der Kemmifeger zog, daß er keuchte.
16

Seltsam, etwas an ihm paßte aber gar nicht zu den sechs andern Schlingeln im Zug, etwas in Schritt und Tritt, eine Art weicher Behendigkeit, und etwas nicht um die jungen Hüften, wie er sich jetzt aus Leibeskräften zum Ziehen vorbeugte, und etwas nicht um die Brust, wo sich das Wams zum Zerreißen spannte. Und gar zwischen dem vor Anstrengung verschobenen Zylinder und der selbstgemachten rußschwarzen Larve – schau! glänzte dort nicht hellgolden ein Stückchen geflochtenen Haars hervor? Ja wäre am End der Kaminfeger – ?

Ein Blick hinter die Larve: das liebste junge Mädchengesicht, bienensüß und -emsig, und heiß vor Larvendampf und Anspannung, und hellrot über die feine Haut, und jetzt sogar hellrot vor zartem, gerechtem Zorn. Denn im Kopf drin summte und brummte es:

«Sechs gegen eins – wenn das nicht feig ist! Aber echt von allen zusammen! Sogar von Urs! Hü – kannst nicht schneller? Sie hätten mich nicht mitgenommen, wenn einer von den Herren sich zum Wagenziehn herbeigelassen hätte. Erst ganz zuletzt, als einer wie der andere sich weigerte, fiel ihr Blick noch herunter auf mich. Als Kuh zum Ziehen darf sie mit – aber sonst... Und wenn du nicht Hosen anziehst und deine Zöpfe versteckst, daß man kein Haar davon sieht, darfst du noch einmal nicht. Denn wir sind ein Buebezigli. – Warum bin ich überhaupt so dumm gewesen und mitgegangen? Und zieh den Sechsen den schweren Wagen, und keinem fällt es ein, auch nur mit einer Fingerspitze hier den Stich hinauf stoßen

zu helfen. Hab ich dafür dreimal der Mutter vom Heraus-
geld fünf Rappen gemaust und meinen Bruder da vor mir
eine Wasserpistole kaufen lassen? Und hab malen helfen
an der Laterne – alles, was langweilig war, die vielen hun-
dert blöden ewiggleichen Fenster an dem Wolkenkratzer
– womit wir die Bauwut verspotten wollen, die Hoch-
bauwut – oder vielmehr: die Niederreißwut – hab ich
darum geholfen, damit ich mich jetzt abschinden darf?
Und am Schnitzelbank mitgedichtet? Darum? Oder
glaub ich etwa dran, daß wir mit unserm Züglein das alte
Haus retten können, worin wir leben? Das glaubt keiner
von uns, nicht einmal der Jüngste, mein lustiges Brüder-
lein Bruno vor meinen Füßen. Keiner! Aber warum denn
bin ich zur Diebin geworden und zur Aushilfsanstreiche-
rin und zum Zugesel? Ach, als mir Urs die Larve anmaß
– in seiner Mansarde… Zum erstenmal durfte ich damals
in sein Dachzimmer eintreten, zum erstenmal, und war
sogar allein mit ihm, mehr als fünf Minuten… Und er
maß mir neben den Wangen ab, wie breit mein Gesicht
sei, und unterm Kinn und unterm Haar an der Stirn, wie
hoch. Und seine braunen Finger mußten mich berühren.
Und drauf durfte ich erst noch zusehn, wie er mein Lar-
vengesicht modellierte – da waren zwar die andern Bu-
ben schon wieder mit dabei. Und ich sagte: «Mach es
doch nicht so wüst!» Und er, mit seiner rauhen Buben-
stimme, antwortete unwirsch: «Doch, man nimmt immer
das Gegenteil vom rechten Gesicht» – und merkte nicht,
daß er mir ja ein Kompliment machte. Und die andern

18

schrien: «Sowieso – darum bekommen wir so schöne!»
Er modellierte die Larve in Ton und drückte sie in nasses
Zeitungspapier ab, als sie hart war, und goß drin aus
Wachs und Mull meine jetzige Larve, und malte sie erst
noch, und ich durfte wieder zusehn – fünfzehn Rappen
gestohlen ist nicht zuviel Sünde dafür – dann mußte er
mir noch die Augen dran ausschneiden und den Mund –
bis das klappte – so dicht stand er immer wieder an mir.
Heiratet er mich wohl einst? Er ist ein so schöner Bub
mit seinem braunen Lockenhaar und den vollen Lippen,
und immer sind sie halboffen... Und so streng und ge-
bieterisch ist er dabei. Hei, wie manchmal hat er die fünf
Knorzi angesungen, bis alles so weit war. Und sie haben
gegen ihn geneidelet und revoluzzt – und es hat doch
nichts genützt. Denn von ihm kam ja alles: die Idee...
und der Wolkenkratzerturm... und der Schnitzelbank...
und die Larven... Was hat er geschafft für das Züglein
die letzte Zeit... und ich neben ihm. Denn die Schnitzel-
bankzettel habe doch ich geschnitten und durch Vaters
Vervielfältigungsmaschine gedreht. Wir gäben so ein
schönes Pärlein, wir zwei... Zwar ist er im Gymnasium,
und ich komme an Ostern bloß in die Realschule. Aber
Mädchen müssen nicht gescheit sein, wenn sie nur schön
sind... schlau sind wir ohnehin und alle viel pfiffiger als
die Buben. – Heut früh am Morgenstreich... war es da
nicht, als wären Urs und ich Vater und Mutter von den
Fünfen? Sie wollten erfrieren, alle zitterten und klapper-
ten mit den Zähnen, und mein jüngerer Bruder heulte.

Da hoben wir zwei Großen tief in einem Gäßlein die La-
terne vom Wagen, und Urs klemmte eine Seitenwand aus
der Laterne und ließ die Buben die Hände hineinstecken,
und die zwei Kleinsten stellte ich auf den Wagen, und sie
tauchten die Hände von oben in die Wärme und das
Licht... Aber wie die Frau und der Mann kamen... das
war wie in einem Märchen. Sie lachten und weinten ein
wenig, als sie uns sahen. Und dann die heimelige Wirts-
stube und die heiße Mehlsuppe... oh... und was die
Frau Seltsames sagte: Sie hätten Sohn und Tochter nach
Kanada verloren und ihre Enkelkinder mit... und um-
halste uns... und ließ sich immerzu die Laterne erklä-
ren... daß unser Haus abgerissen würde und wir keine
Wohnung fänden, für die Vaters Verdienst reichte...
weil er seine Büromöbelvertretung eben erst übernom-
men hat. Der Mann machte jetzt ein sehr kühles Gesicht.
Aber zum Abschied sagte die Frau doch: Vielleicht trä-
fen sie uns heut nachmittag noch einmal... und der Mann
senkte bedenklich die Lider und nickte dennoch... Uns
treffen... in dem ungeheuerlichen Treiben? Immer such
ich sie und such sie – und immer sind's andre Gesichter.
Ich glaube an keinen guten Ausgang mehr für uns – aber
mit Urs noch zusammensein dürfen... Gottseidank! da
sind wir oben. Die Rosse vom Waggiswagen vor uns ver-
schnaufen -- ich mit. Einmal will ich wieder zu Urs zu-
rückschauen. O sieh! Wie gemein!»
Eine junge Indianerin aus der Zuschauermenge war mit
fuchtelndem Tomahawk auf den trommelnden Indianer

Urs losgesprungen, sie versuchte sogar mit ihrem Beil zu trommeln, Urs wehrte sie mit den Schlegeln ab, sie bedrängte ihn heftiger – auf einmal glitschte ihre Waffe von seinen Eschenhölzern ab und zerschnitt das Fell der Trommel. Der Kemmifeger sprang hinzu und hätte sie fast gerauft – aber die Indianerin verdrückte sich aalglatt in die Leute. Urs bewahrte Haltung, er schnallte den Tragriemen los – der Platzmacher hinter ihrem Züglein schau: er ließ sich die Trommel aufs Pferd reichen, schnallte sie um, daß das unversehrte Fell obenauf kam, spannte ihre Seile straffer und reichte sie zurück – als der Zug wieder in Bewegung kam, konnte Urs weitertrommeln – zuhinterst im Zug aber gellte ein Drohstimmlein gegen den gewaltigen Reitersmann:

«Ihr Roß hat schon wieder ab meinem Strohhut gebissen. Ich verlang Schadenersatz. Hänn Sie Ihr Portemonnaie byn Ehne?»

Doch schon begann alles wieder voranzugleiten, für juristische Zänkereien war keine Zeit mehr, der Kaminfeger zog weidlich an, aus dem Schatten der Freien Straße in die Sonne des St.-Alban-Grabens schwankte auf dem Wägelein die Laterne und gleißte auf – ein paar Worte nur, ein paar wenige Worte dieser

*Kinderlaterne.*

Sie war unbeholfen wie alle Kinderlaternen und ungekonnt, verglichen mit den farbenbrennenden Meisterstücken der großen Laternen, die vor und hinter ihnen schwebten – aber unträf war sie nicht und nicht einmal

22

ohne Pointe, sie hatte sogar etwas Bewegendes. Sie war ein viereckiger Turm aus Latten und Papier und stellte einen Wolkenkratzer dar mit unzähligen schwarzen Fenstern in unzähligen Reihen; und über jede der gipsweißen, schwarzgetüpfelten Wände stand in roter Schrift schräghin: «So wird's!» – darunter aber: «So isch's gsi.» Denn schau her: ganz zutiefst in die untersten Stockwerke war das Abbruchhaus gemalt, worin die Kinder wohnten, ein Haus von 1895, häßlich, das sei zugegeben, mit einer Überfülle scheußlicher Renaissancebildhauerei über Fenstern und Gartenloggia und unterm Erker – aber ein warmgesessenes Haus, ein warmgewohntes, wenn ich so sagen darf, ein wenig am Abblättern und Ausbröckeln, und vielleicht gerade darum den Kindern vertraut, heimelig und lieb. Sonst wären nicht die vielen Geranien in die Kreuzstöcke gemalt gewesen und die Kinderköpfe, die aus allen Fenstern Seifenblasen steigen ließen.

Dies allerdings nur in Abbildung eins auf der Laternenvorderseite. Auf der einen Seitenwand, in Bild zwei, standen schon Männer mit Pickeln auf den abgedeckten Dachlatten, und die Kinder schrien aus den Fenstern: «Wohi(n)?» Auf der Rückseite der Laterne wiesen Polizisten mit gereckten Armen die Bewohner aus dem halb abgerissenen Haus. Und auf der andern Seitenfläche stand groß und klein um ein Schutthäuflein, und die Väter starrten in die geöffneten Geldbeutel und sagten (in schlaffen Spruchbändern, die ihnen lang aus dem Mund hingen): «'slängt nit für e neumodigi Wohnig – und bil-

24

ligi alti git's keini.» Und die Kinder: «Uns will sowieso niemets.»

Hinter dem Laternenwagen – welch winzige *Biedermeierdame:*

der Tambourmajor. Ein Bub zweifellos, es kämpften Bubenschuhe mit dem Saum des Reifrocks – aber was für eine Miniaturausgabe von einem Buben – ein Ausgäblein, so klein, daß die Taille wie eingegossen in der obern Öffnung eines Lampenschirms saß. Der Lampenschirm, eine Drahtglocke mit brüchiger, écruheller Seide überzogen, war der Reifrock und reichte fast bis auf die Erde! Ein écruseidenes Brusttuch umhüllte Brust und Schultern des Figürleins, lange Écrufransen wippten im Wind, ein ungefärbter Mädchenstrohhut war durch ein kirschrotes Seidenband zu einem biedermeierlichen Tütenhut gepreßt, die Larve zeigte ein schnippisches Mädchengesicht mit Himmelfahrtsnase – der Majorstab in der kleinen, weiß behandschuhten Hand war von einer gedrechselten Vorhangstange gesägt, der Knauf vergoldet, die Stange von farbigen Bändern umflogen.

Etwas mit dem Orientierungssinn des Majörleins schien übrigens nicht zu stimmen. Er stemmte seinen Stab in die blauen Lüfte auf, er knickte den Arm eckig wieder zusammen – aber beim Kunstmuseum, am Brunnen, fand er den Rank nicht in die Dufourstraße, er marschierte starr auf die Dalbenvorstadt los, bis es hinter ihm brüllte: «Werni! Dubel! Rächts!»

«Dubel!» antwortete es aus der Maskentiefe der Biedermeierin. «Hättsch mer gscheiter d'Auge richtig in d'Larve gschnitte.»

Und unterm Biedermeierhut, hinter einem sommersprossigen Bubenstirnlein, krumselte es nur so von Gedanken dieser Art:

«Das ist mein Bruder Urs – und sagt mir an der Fasnacht Dubel – vor allen Leuten. Dypisch Urs! Er hätte gescheiter an den Larvenaugen von andern nicht so lang und ewig herumgedökterlet und dafür meine richtig abgemessen. Jetzt seh ich immer nur zu einem Aug heraus und, wenn ich das Gesicht ein wenig verrutsche, zu gar keinem. Wer ist der Dubel? Natürlich zu groß hat er mir die Larve gemacht. Alles, was mir von ihm zukommt, ist zu groß: alle Pullover, die ich austragen darf, alle Sokken, alle Schuhe – also auch die Larve. Wäre mein Zwillingsbruder noch am Leben, dann würden wir zu zweit vielleicht jetzt schon Meister über ihn – ganz sicher aber übers Jahr... oder in zwei Jahren. Blöd und versegglet, daß es gleich im Frauenspital von mir wegsterben mußte, mein Brüderlein. Jetzt bin ich natürlich nur die halbe Portion, sozusagen, und Urs befiehlt mir, was er will, und nie werde ich Meister werden über ihn – außer wenn er einmal krank wird und ich nicht. Dann, ha! Wie wenn ich nicht allein den Eingang in die Dufourstraße gefunden hätte. Nicht nur die vielen Bäuche hätten mich herumgedrückt. Schließlich, wenn der Großvater dicht neben der Dufourstraße wohnt... Dort ist schon der Kastanienbaum über seinem alten Haus – späht er wohl zum

26

Fenster heraus nach uns, de Großbappe, oder räumt er schon seine Stiche und Antiquitäten aus den obern Zimmern, damit wir Platz finden bei ihm... bis auch sein Häuslein abgerissen wird? Das Todesurteil ist ja schon über es gesprochen, er hat es traurig gesagt, und es ist doch noch hundertmal heimeliger als das, worin wir jetzt wohnen. Die Estriche mit all den Herrlichkeiten... die gemalten Öfen... die Bilder... Ist er denn nirgends am Fenster? Hoppla, jetzt hätt's mich beinahe ins Brunngäßlein hinein verschlagen – mit meiner verflümerleten Larve – grad sind mir wieder beide Augenlöcher weggezwitscht – ich tapp ja wie in der Nacht.»

Ein Glück, daß er vom Trommler hinter ihm, von seinem einzigen Trommler, von seinem Bruder Urs, einen Streich mit dem Schlegel an die rechte Achsel bekam und ein Streichlein an die Larve – so wurde es ihm wenigstens wieder vor einem Auge licht.

«Seine Mühe hat man ja mit jedem», dachte

*der Indianer*

Urs hinter dem Tambourmajor, «aber mit keinem so wie mit dem eigenen Bruder.»

Er war der Älteste im Zug, ein schöngewachsener, kräftig-gesunder Bub von zwölf Jahren, seine Gesichtshaut neben den Ohren, wo die Larve sie nicht deckte, tief braun und samten, sein Haar unterm indianischen Federschmuck hellbraun gekraust mit goldenen Enden, sein Kriegskleid offenkundig zum größten Teil selbst geschneidert aus Kartoffelsäcken.

«Überhaupt», sprudelte es in ihm, «wenn ich je wieder Fasnacht mache, dann nicht mehr mit dieser Binggis-bande, dieser aufsässigen. Als einzige nehm ich von allen mit – ich weiß schon wen. Aber vielleicht ist dies überhaupt mein erster und letzter Zug. An Ostern flieg ich im Gimmeli (Gymnasium) – darüber täusch ich mich nicht hinweg – und flieg nur wegen der Fasnacht. Denn Zeit für Aufgaben hab ich in den letzten Wochen überhaupt keine mehr gefunden, und Gedanken auch nicht – und nun ziehen wir im Fasnachtszug dahin, und kein Mensch hat ein Aug für unser unscheinbares Züglein zwischen all den prächtigen Mächtigen...

Und zuerst, als mir die Idee kam, da meinte ich: wenn wir mit unserm Wolkenkratzer kämen, würde kein Mensch mehr wagen, ein Haus niederzureißen... So wunderbar war der Gedanke dran – und jetzt, wo er auf dem Wägelein einherfährt und wir mit ihm ziehn...

Hu, da ist ja die halbe Seite des Aeschenplatzes niedergerissen!

Und dort vorn in der Aeschen: die blendigen Löcher, wo die kleinen Häuser standen.

Wie sehen die Menschen wohl aus, die so gemütliche alte Häuser hassen und niederreißen?

Aber ich hab ja einen kennengelernt von der Sorte, den, der uns vertreibt, unsere Familie... und Dorlis.

Das erstemal, wie ich mit ihm zusammenstieß – ich hätt ihm an die Gurgel springen können. Wir Buben im Kellervorraum... nagelten gerade die Latten zusammen zum Laternengestell – da kam er die Kellerstiege heruntergetrampt, schwer, groß, ein Brocken, und mit ihm noch so ein Fetzen (Mordskerl) – und kam vor Laternengesperr nicht aus der Stiege, und wollte schon mit dem Schuh alles wegschieben und mit der Faust... aber hei! unsere Hämmer! unser Geschrei! Er betrachtete uns eine Weile zornig und kaute auf den Backenzähnen. Schließlich fragte er: «Was soll es geben?»

«Eine Fasnachtslaterne.»

«Das seh ich. Ich meine das Sujet.»

«Gegen die Häuserabreißer.»

«Gegen mich also?»

«Wieso Sie?»

«Weil eure Hütte jetzt mir gehört und ich sie durch den Herrn hier niederreißen lasse. Drum sind wir hier im Keller, um die Grundmauern abzuschätzen. Jetzt marsch mit eurem Gestell in den Hof, daß ein Mensch durchkommt.»

«Es nebelt aber und ist naß.»

«Ihr seid mir Fasnächtler, wenn ihr Nebel und Regen fürchtet. Ihr schlagt wohl den Morgenstreich im Bett, ihr Gartenzwerge? (Gartenzwerge, sagte er!) Macht ihr etwa gar einen Schnitzelbank?»

«Allerdings.»

«Habt ihr ein paar saftige Sprüche drauf gegen mich?»

«Sie werden jetzt dann noch saftiger, seit wir Sie gesehen haben. Sie haben uns angeregt.»

«Aufs Maul bist du nicht gefallen. Was ist dein Vater?»

«Warum? Innenarchitekt.»

«Daher die Idee.»

«Die ist von uns. Dazu brauchen wir keinen Vater.»

Und der zweite Zusammenstoß, das war, wie wir im Hof
an der Laterne malten – Dorli auf dem Stuhl die vielen
vielen Wolkenkratzerfenster, ich unser armes Haus – da
streifte er vorbei, maß das Werk, sagte: «Genau das bau
ich über eurer Ruine. Ein paar hundert Stöcke weniger –
aber sonst... Hast du ihn entworfen, den Wolkenkrat-
zer?»

«Ja. Wer sonst?»

Er maß die andern und sagte: «Allerdings – wer sonst?
Was willst du werden? Architekt?»

«Ich weiß es noch nicht. Und wenn ich es wüßte...»

«Ginge es mich Rausschmeißer nichts an, he? Krieg ich
an der Fasnacht dann einen Zeedel?»

«Den ersten.»

Den ersten Zettel, der aus der Maschine kam, trag ich auf
mir, zwischen Haar und Federschmuck – und streck ihn
ihm unter die Nase, wenn ich ihn irgendwo sehe... Aber
den wird die Fasnacht schon nicht anziehen, den humor-
losen Vogel. Der Zettel wäre verschwendet an ihn. – Es
ist überhaupt alles verschwendet. Ich bin traurig. Schon
weil ich im Gimmeli fliege... Ist es wohl wahr, daß die
Eltern das Todeszeugnis mit der Post zugeschickt krie-
gen – vom Gymnasium aus? Und es schon offen daheim
liegt, wenn ich nach Hause komme? Aber es ist noch et-

was anderes, was mich traurig macht. Damals bei der Laternenmalerei im Hof pfetzte der Architekt Dorli in die Kniekehle, als es so auf dem Stuhl stand und sich nach den obersten Wolkenkratzerfenstern streckte. Mir ging es durch Mark und Bein. Ich würde den Architekten, wenn ich ein Messer gehabt hätte... Dorli... wie gut es duftete jedesmal, wenn ich ihm die Larve anmaß. Und wie schön rund es ist und erst elf... Ohne es wäre das Züglein nicht fertig geworden... Wenn es einmal einen andern liebhätte... Heut am Morgenstreich, als wir über den Tellern voll Mehlsuppe die Larven abzogen und ihr Gesicht herauskam: ich hätte es auch so streicheln mögen, wie die alte Frau es streichelte... ich wär auch nie zu End gekommen damit. Und der alte Herr konnte sich ebenfalls nicht satt sehen an ihm. Und die Fasnächtler am Nebentisch gleicherweise wandten kein Aug von ihr. Jetzt versteckt die Laterne mir sie immerzu. Nur wenn's um einen Rank geht, seh ich sie einen Augenblick. Wann hat es denn angefangen mit mir – wegen Dorli? Beim Schnitzelbankdichten auf der Kellerstiege, wie sie so lachte und mit den Augen blitzte und die Stirn immer wieder geschwind mit beiden Händen stützte, wenn sie sich besann? Oder wie sie meine Indianerhosen umbördelte und alles so flink ging mit ihren Fingern? – Jetzt hat sie es dann leichter, den Steinenberg hinunter... jetzt läuft's von selbst. Aber erst muß sich das Gedräng lockern.»
Denn ein Dutzend, zwei Dutzend Fasnachtszüge stauten sich im hellen Sonnenglanz den Steinenberg hinab zwi-

schen tausend und aber tausend lachenden, übermütigen Zuschauerköpfen. Die Konfettiräppli flimmerten aufgeschossen in allen Farben und zitterten im Niedersinken wie Dampfwolken zwischen elektrischen Leitungen.

Zuhinterst rechts im Züglein stand

*ein Waggis*

von neun Jahren mit einer Handharmonika vor der Brust, ein dickes knolliges Büblein, war gekleidet wie alle Waggis, weißhosig, blaublusig, mit rotem Halstuch und bleublanc-rougem Rand an der weißen Zipfelmütze – es reckte eine Larvennase in die Luft so urgewaltig und angriffig, als wollte es die ganze Welt draufspießen, und dachte dahinter:

«O weh, jetzt gleich fallen mir die Arme ab. Das hab ich nicht gewußt, daß eine Handorgel mit jedem Schritt schwerer wird. Und auch nicht, daß sie so hart zu spielen ist. Und immer wenn ich nachlasse im Lärmmachen damit, dreht sich Urs um und kommandiert: ‚Spiel doch, hopp!‘ – Ja spiel, wenn dir die Arme wehtun wie gebrochen. Ein paarmal ist mir ein schwarzer Fleck vor den Augen immer größer geworden. Doch ich habe tief geatmet – das hilft, das weiß ich von den Wölfli (den jungen Pfadfindern). Aber jetzt kann ich nicht mehr. Am Anfang war es ja toll, so von den Leuten angestarrt zu werden und den Großen ‚Soli Digge!‘ sagen zu dürfen oder sogar ‚Soli Diggy!‘ Aber jetzt ist mir so schwabblig, die Handharfe will überhaupt keinen Ton mehr von sich geben. Ich hätte mir sie nicht entleihen sollen, sondern wie

32

heut morgen meine Kindertrompete mitnehmen. Stehen wir still oder marschieren wir? Ich komm gar nicht mehr draus. Warum hab ich eigentlich bei dem Züglein mitgemacht? Ich wohn ja nicht im gleichen Haus wie Urs – unseres ist noch gar nicht verkauft – es soll erst werden – und dann haben wir noch ein Jahr Frist. Aber das Verkleiden ist so glatt, und das Dummtun, und die Mehl... Wann war denn das mit der Mehlsuppe? Hab ich's geträumt oder wurde ich wirklich einmal vor die braune Suppe gesetzt? Jetzt wird mir schlecht, wenn ich bloß an sie denke – und es dreht sich mir – nicht bloß im Magen – alle hundert hundert Köpfe rings fangen an, rundum zu sausen wie auf einer Reßlirytty – und ich – tief atmen!»

Es nützte dem kleinen Waggis nichts mehr, das Tiefatmen – er taumelte – und seltsam: der erste, der es bemerkte, war der Reiter hinter dem Züglein. Er drängte sein Roß vor, erwischte den Buben am Arm, hob ihm die Handharmonika vom Hals – eben stockte der Zug wieder und war noch nicht einmal beim Theater.

«Zieh die Larve ab», sagte der Reiter.

«Warum?» fragte der Bub und erwachte. «Warum halten Sie mich? Was hab ich Ihnen getan? Geben Sie mir die Handorgel zurück! Die gehört nicht Ihnen! Lassen Sie mich los! Ich ruf sonst der Polizei!»

«Wenn du wieder einmal Handorgel spielst», antwortete der Reiter barsch und beugte sich weit vor, «so mach hier die Luftklappen auf. Sonst singt sie nicht und zerplatzt dir am End noch. Mit geschlossenen Ventilen rapsen – das hält kein Herkules durch. – Geh, wechsle den Platz mit dem Zettelverteiler dort vorn. Sonst dreht's dich noch einmal um. Er soll dir seine Zettel geben und dafür deine Handharmonika nehmen. – Wird's!» rief der Platzmacher und schüttelte gewaltig Schultern und Gokkelkopf gegen den Lausbuben links vorn, den mit der Wasserpistole. «Und bring mir grad einen Schnitzelbank mit.» Bis die Z'widerwurzel von Pistolenschütz endlich gehorchte, hatte des Reiters Roß einen neuen Happen vom gelbleuchtenden Strohhut

*des Bauernweibleins*

vor ihm abgerissen, des siebenten und letzten im Zug, und es zerkaute ihn mit Schmunzeln.

«Wart!» dachte der Knabe im Bauernweiblein drin. Jetzt kommt der Augenblick der Rache!»

Es war drollig und kugelrund, das Weiblein, trug einen korngelben Rock mit einem mohnroten Saum, einen korngelben Sommerstrohhut, mit dem allerdings kein Staat mehr zu machen war, denn sieben Maulvoll hatte das Roß davon verzehrt – dafür umfing die mohnrote Bluse einen der gewaltigsten Busen Basels: ein Kanapeekissen von großväterischen Dimensionen war hineingestopft, ein schwarzes Ledergürtelchen um die Blusentaille bewahrte die Brust vor dem Niederfließen; das Weiblein schlug zwei Pfannendeckel, und wenn seine Arme müde waren, ließ es sie zusamt den Pfannendeckeln auf dem molligen Vorgebirge ausruhen.

Es war aber bloß ein zartes schmales Prinzchen, das in der runden Sommerfülle stak, mit einem feingebogenen kritischen Näschen und aufmerksamen braunen Augen – ein zugewandter Ort aus dem Haus über der Straße, das zwar auch schon verkauft war, aber noch nicht abgerissen werden sollte; darum waren auch seine Gedanken vom Gipfel des Steinenbergs bis herab zum Theater nur die gewesen:

«Allmählich begreif ich, warum die Frauen so weite Halsausschnitte haben. Oh, hätt ich auch so eine Ventilationsöffnung. Vorn rinnt mir das heiße Wasser übers Herz – und hinten muß mir ein Knopf von der Bluse geplatzt sein, oder das Mordsroß hat ihn auch noch zu sich genommen – sobald wir im Schatten stehn, friert's mich den Rücken herab, und auf der Brust zerschmelz ich. Die Frauen müssen wirklich alle wärmere Herzen haben als die Männer – oder fast alle – sagt man nicht immer: eine warmherzige Frau? Jetzt erfaß ich's.

Plötzlich eine Frau sein! Aus einem Buben – eine Frau. O die Fasnacht! Es ist wie im Märchen. In alles, was man will, kann man sich verwandeln. Das nächste Jahr will ich ein Koppoy (Cowboy) sein – dann ein Waggis auf einem Wagen, daß ich auch so verrückt tun darf wie die Waggis vor uns – und dann zuletzt ein Reiter wie der Güggelkopf hinter mir, das ist das schönste.

Nur mit Urs geh ich nie mehr. Er hat mir einen Box gegeben beim Einstehen, und nichts, was ich für das Züglein bastelte, war recht vor ihm. Nächstes Jahr wird er stau-

36

nen: da mach ich mein eigenes Züglein, hei-di! und jedes
Jahr ein größeres und schöneres. Ich weiß jetzt, wie's
geht – und kommandieren wird der!»

Und schlug sich mit dem rechten Pfannendeckel vor die
Brust.

Dann gab's wieder einen Bergrutsch die breite besonnte
Straße hinunter. Unten um die Casinoecke verschwand
eine Weile glitzernd Zug um Zug; bis hart an die Ecke
stieß das «Buebezigli» vor. Dann stoppte der Fluß aber-
mals, der Zug hinter ihnen stockte, der Reiter auf dem
Pferd begann ihren Schnitzelbank zu lesen – warf sich ein
paarmal unmutig zurück und machte Miene, ihn zu zer-
knüllen, schüttelte den Kopf, las ihn noch einmal und
merkte nichts von dem Attentat, das sich unter seines
Rosses Nase vorbereitete.

Denn da tuschelten Bauernweiblein und Cowboy geheim-
nisvoll verschlagen, die Larvenmünder dicht beieinander
– das Bauernweiblein aber lispelte:

«Ich zänsle ihm den Hut – und sobald es das Maul auf-
macht: Schuß – päng! – alles Wasser dem Roß ans Hals-
zäpflein! Mei! Das hat genug für immer!»

Aber noch kamen sie nicht zur Tat. Denn plötzlich sah
der Reiter vom Zettel auf und fragte alle sieben verdutzt:
« Ja wie heißt denn eure Clique überhaupt? Ihr habt ja
gar keinen Cliquennamen auf dem Schnitzelbank, ihr –
und wie soll denn das Fasnachtscomité einer namen-
losen Bande etwas geben?»

«Welches Fasnachtscomité?» fragten alle aus einem

37

Mund. Alle wußten sie nichts von einem Fasnachtscomité. Sie wußten nicht, was ihnen bevorstand!

«Die Preisrichter», rief der Reiter aus der Larve, «die gleich hinter der Ecke sitzen und auf euch warten.»

«Jö – auf uns!»

Fünf schrien es kleinlaut und ohne allen Mut – nur Urs, der Indianer, und Dorli, der Kaminfeger, reckten hoffnungsgierig den Hals.

«Also: wie heißt ihr?»

«Gufespitzli-Clique.»

«Den Namen müßt ihr schriftlich dem Comité überreichen und zwei Schnitzelbänke dazu. Und zwar muß das der Tambourmajor dort tun. Keck mußt du auf die Herren los, zweimal eine Verbeugung machen und den Majorstab erst an dich ziehn und dann weit recken. Versuch's mal!»

Schließlich konnte der's.

Aber einen Bleistift hatte keiner von ihnen bei sich für den Cliquennamen.

«Ihr seid und bleibt –», schimpfte der Reiter auf dem Pferd, zog den Stummel eines Zimmermannsbleistifts aus der Hose, legte den Schnitzelbank zusammen und schrieb den Namen: Gufespitzli-Clique mit Balkenbuchstaben auf seine Rückseite; auf dem Roßhals schrieb er ihn, reichte den Zettel Urs hin und rief:

«Ihr macht mir zu schaffen, ihr –»

«Gartenzwerge!» sagte Urs. «Hier ist übrigens Ihr Schnitzelbank – der erste – wie versprochen!»

Zzz–pffff! In dem Augenblick zischte es – das Roß hatte
wieder Strohhut genascht, die Wasserpistole feuerte ihm
tief in den Rachen, der Gaul bäumte sich auf die Hinter-
beine und schlug mit den Vorderhufen wie eine Zirkus-
vedette, die Frauen rings geußten und retteten ihre Kin-
der, der Gockelreiter hing mit einer Hand nur an den
Zügeln, in der andern hielt er plötzlich eine Reitpeitsche,
er hatte sie aus dem Stiefelschaft gerissen, das Roß senkte
sich und hob sich sofort wieder auf die Hinterbeine, eine
Weile sah es aus, als wolle der Reiter die Peitsche über
die zwei geduckten Bubenbuckel hauen unter ihm – dann
streichelte er mit dem Peitschengriff das Pferd am Hals
zur Ruhe…
Und in der gleichen Sekunde begann der Waggiswagen
wieder zu fahren, im «Buebezigli» krähte das Tambour-
majörlein: «Vorwärts marsch!» In der Clique hinter den
Vorreitern, wie Blitz und Donner, schrillten zwei Dut-
zend Piccolo auf und rueßten drei Dutzend Kübel los
(Trommeln), «Gueti Haltig – s'Comité!» schrie Urs, und
seine Buben und der schwarze und goldene Kaminfeger
warfen sich ins Kreuz.
Die Waggis vor ihnen waren schon vorher außer Rand
und Band gewesen, jetzt wurde ihr Wagen zum fahren-
den Vulkan: Witze, Spreuer, saftige Grüße, Schnitzel-
bänke, Fasnachtsgehöhn, Mimosenzweige – funkelnd
regnete es auf alle Seiten nieder, Orangen fuhren golden
darüber empor an die Balkone hinauf und in die Fenster;
den Männlein, die um Schnitzelbänke bettelten, senkte

sich vom Wagen herab treuherzig eine Hand mit einem Zettel entgegen, aber sie lupfte bloß den Bettelnden den Hut, und die zweite Hand leerte eine Schapfe voll Spreuer über die entblößte Kuppe; derben Frauen streckte ein Waggis bieder eine Orange auf blühender Mimose her, die Frauenhände griffen danach, wurden erfaßt, wurden nicht mehr losgelassen, hinter dem Wagen her, jetzt halb in Lüften, jetzt ganz, wurden die Frauen davongetragen, und die Waggise nebenan schaufelten aus Leibeskräften Spreuer auf sie nieder; mit Baumscheren wurden verträumt Fernstehende gezwackt und geweckt – bis auf unsern Kinderzug wehten die Spreuer, und alle sieben hatten Mühe, überhaupt noch an das Entscheidungsvolle zu denken, das ihnen bevorstand.

Aber als der Waggiswagen angehalten hatte, als alle Waggise nach Steuerbord gerannt waren und das Fasnachtscomité drüben am Casino mit Breitseiten intrigantischer Geistesblitze und Schlötterlinge beschossen hatte, als ein Herr vom Fasnachtscomité den Waggis-Schnitzelbank in Empfang genommen und ihnen etwas überreicht – da nickte der Reiter zu Urs hinüber; der schrie:

« Jetz, Werni! »

Und der Tambourmajor, so groß wie ein Blumenstock, die Händlein in den Handschuhen leuchtend weiß wie Blütenblätter, den Stab breit gereckt in der Rechten, zwei Schnitzelbänke und ihren Namenszug in der Linken, er machte sich auf den Weg zu den Sitzen des Comités. Zuerst hielt er stracken Kurs über den Platz hin, der Lampenschirm als Reifrock schwang siegessicher von seinen Hüften, dann verrutschte ihm die Larve, er sah zu keinem der beiden Augen mehr heraus, dachte: «Voran! Einmal stoß ich ans Comité!» – schnitt ein wüstes Kürvlein nach rechts, hörte seine Sechs durch Trommelkrachen und Piccologejubel schreien: «Werni! Schoof! links!» – vernahm rings Gelächter aus hundert Kehlen, blieb stehen, rückte mit den Händen ein Larvenloch vor sein linkes Auge, erblickte durch die Öffnung eine unbekannte braune Hauswand, drehte sich suchend um sich selbst, das Gelächter wuchs, auf einmal fühlte er sich an den Schultern sanft bugsiert, sah einen lachenden Kopf des Comités neben dem andern ihn betrachten, machte zweimal eine Verbeugung mit Anziehen und Recken des Tambourstocks, durch das hallende Lachen rings klang Klatschen wie Wasserfälle – sah dicht vor dem Larvenauge einen gebeugten, rotangelaufenen Manneskopf, spürte, wie ihm etwas auf die Brust geheftet wurde, das Klatschen wurde immer lauter, er verbeugte sich wieder zweimal und tappte halbblind zu seinem Züglein zurück – an seiner Brust hing die goldene Fasnachtsplakette in breitem schwarz-weißem Seidensaum...

Alles hatte angehalten und dem kleinen Tambourmajor zugesehen, alle Züge, sogar der Waggiswagen vor ihnen. Ja, den Waggisen schien eben ein ungeheuerlicher Einfall zuteil geworden. Zwei Müllersäcke voll Spreuer wurden über die Wagenwand geschwungen, zwei Waggise schwangen sich nach und rannten, die Säcke auf dem

Rücken, zum Fasnachtscomité hinüber. Einem der Co-
mité-Herren ahnte Schlimmes: er entfloh ins Casino; der
eine Waggis setzte ihm in Gewaltssprüngen nach. Der
andere Waggis aber ertränkte zuerst in einem Rede-
schwall und drauf in sämtlicher Spreuer des prallen Mül-
lersackes den zunächst sitzenden Preisrichter. Der tauchte
lachend aus den Fluten und schüttelte gelbe Ströme aus
sich.

Im Casino aber blieb es geheimnisvoll still – was Augen
hatte, starrte hinüber.

Und eben in der gespannten Stille arbeitete sich eine äl-
tere runde liebäugige Frau atemlos neben dem Waggis-

42

wagen aus der Menge und eilte mit offenen Armen auf den reizenden Kemmifeger los.

«Da seid ihr ja», rief sie, «was hab ich euch gesucht heut nachmittag und mich mit meinem Mann von Straße zu Straße gedrängt und nirgends euern Turm entdecken können. Wieviel Geschwister hast du noch? Zeig sie mir noch einmal. Die zwei? Die lieben Bürschlein – (die Wasserpistole glitt in einen Cowboyärmel). Sagt: Möchtet ihr zu uns in die leere Wohnung ziehen? Doch, doch, auch mein Mann freut sich auf euch – er ist nur ein wenig langsam in seinen Gefühlen. Wollt ihr morgen abend einmal die Eltern zu uns an die ...gasse schicken? Könnt ihr sie euch merken? Und die Nummer?»

«O Sie», sagten das Kaminfegerli und seine beiden Brüder, hielten immerzu die Hände der Frau, wippten auf den Zehen und drückten ihre Wangen an die Frau – zugleich aber wurde das Herz des Kaminfegermädchens jäh ganz traurig.

«Warum?» fragte es sich. «Wo wir doch wieder wissen, wo unterschlupfen...»

Ob der grün-rote Gockelreiter hinter dem Züglein erraten hatte, was sich da abspielte – ich weiß es nicht, ich glaube es nicht einmal; aber er schnippte plötzlich mit den Handschuhfingern gegen den Indianer Urs, winkte an den Hals seines Pferdes und fragte ihn durch die Larve: «Du weißt, wer ich bin?»

«Ja», antwortete Urs, «unser Hausaufkäufer und -niederreißer.»

43

«Neuer Bauherr und Architekt. – Wenn dein Vater In-
nenarchitekt ist: möchte er wohl nicht mein Verwalter
werden im neuen Haus? In der obersten Wohnung – zum
halben Preis? Kämt ihr bis dann irgendwo unter?»

«Beim Großbappe. Am Brunngäßlein.»

«Sag's dem Vater. Ich komm bald einmal vorbei. Das ist
ja nicht zum Aushalten – so eine Klagelaterne vor der
Nase, einen ganzen Fasnachtnachmittag.»

«O dankschön, dankschön.»

Grad jetzt schwang die Casinotür auf, der Waggis und
das Comité-Mitglied traten fröhlich Arm in Arm heraus,
der Waggis trug den Sack leer überm Arm, dem Preis-
richter rann bei jedem Schritt ein Spreuerbächlein aus den
Hosenbeinen.

Jubel, Getümmel, Aufbruch...

Die Frau küßte den jüngsten Buben in den Hals, teilte
schnell allen sieben Pfeffermünzli aus, umarmte auch noch
den Tambourmajor und rückte ihm den verrutschten Bie-
dermeierhut mit dem kirschroten Band zurecht – dann
entwich sie zu ihrem Mann, der herübernickte und lachte.
Und das «Buebezigli» zog davon.

«Mm, das Pfäffermünzli!» schlotzte das alte Tanteli ganz
vorn.

«Ich hab grad zwei aus dem Güggli geschnappt.» Dies
der Waggis.

«Eine Wohnung», sagte der Cowboy, «die alte Frau
spritz ich nie an.»

Das Prinzlein mit Bauernbusen: «Und die Goldplakette

– eine – für sieben – wer bekommt jetzt die? Reihum muß sie gehn – zu jedem eine Woche.»

Der Tambourmajor: «Sie hängt mir bis zum Bauchnabel – oder noch tiefer – mit dem Seidenrand. Es ist alles immer zu groß für mich – und wenn es aus Gold ist.»

Und Dorli, der Kaminfeger, und Urs, der Indianer – durch Wagen und Laterne und Tambourmajor getrennt – seltsam, wie gleich es in ihnen klang, Wort für Wort, so in jedem der beiden:

«Ich bin sehr traurig und werde immer noch trauriger. Aber ich weiß nun warum. Jetzt wird es ernst mit dem Ausziehn und Auseinandermüssen. Bisher – konnte es immer noch alle Wege gehn. Jetzt nicht mehr. Jetzt heißt's: du dahin – ich dorthin. Sehn wir uns wohl oft – trotzdem? Oder immer seltener? Wenn das Dorli will – wenn der Urs will – dann oft, dann öfter – und an Fasnacht immer ganz... bis wir... bis wir beide... Bis dahin wird es gewiß viele, viele Wohnungen geben...

# Das «Schwedische Märchen»

VON PETER PEE

Stoffel schlug die Augen auf. Ein trübes Morgenlicht drang mühsam durch die Gardinen ins Zimmer. Es war aber nicht das Licht, das Stoffel weh tat, es war sein Kopf. Sein Schädel schien ihm wie die Schale eines dünnwandigen Schokoladen-Ostereis. Der kleinste Druck, fast jede Berührung könnte diese Schale zersplittern. Der Herd des Schmerzes befand sich, wenn sich Stoffel nicht täuschte, schräg über dem rechten Ohr.

Er drehte sorgfältig und langsam seinen Kopf auf die linke Seite und bemühte sich, den Denkapparat einzuschalten. Was war eigentlich geschehen? Hatte er alles vergessen? Bestand eine Möglichkeit, durch den dicken grauen Schleier, in dem sich immerhin einige bunte Tupfen befanden, hindurchzusehen? Stoffel ging mit der ihm als Bankangestellten üblichen logischen Genauigkeit vor. Welchen Tag haben wir heute? Da gestern Fasnachtsmittwoch war, muß heute, bei Tageslicht, Donnerstag sein, dachte er richtig, und zwar Donnerstag, 13. März 1924. Und die Zeit? Der Wecker stand auf dem Nachttisch, rechts des Bettes. Stoffel mußte den Kopf wiederum wenden, wobei er aus Versehen auf diese verdammt schmerzhafte Stelle drückte, und ließ sich von den Zeigern der Uhr belehren: 20 Minuten nach 10.

Merkwürdig, das Pflichtbewußtsein fehlte. Schleunigst aufstehen und ins Bureau sausen... er streifte den Gedanken kaum am Rande. Das kam gar nicht in Frage.

Das Bett nebenan war leer und bereits in Ordnung. Natürlich, bald halb elf Uhr. Ursula schlief nie aus. Sie war ja gestern Abend nicht fort gewesen. Stoffel hatte Durst. Auch plagte ihn irgendwie ein schlechtes Gewissen, sonst hätte er nach seiner Frau gerufen.

Hatte er eigentlich einen Schwips gehabt? Oder war er überhaupt betrunken gewesen? Sicherlich nicht. Ein guter Basler betrinkt sich nicht an der Fasnacht. Dazu ist die Fasnacht zu kurz. Und einen Schwips? Möglicherweise... aber man müßte vorerst einmal alles rekonstruieren, ehe man urteilte. Welches Glück, jetzt Zeit zu haben, ehe Ursula hereinkommt und unangenehme Fragen stellt!

Zuletzt war die Droschke. Er erinnerte sich, daß er eine ganze Weile am Steinenberg auf die Droschke warten mußte, weil er sich mehr um das «schwedische Märchen» bemühte, als um den Kampf um die heranrollenden Droschken. Aber was dann? Wohin fuhr die Droschke? Saß das «schwedische Märchen» rechts oder links? Durch welche Straßen klapperte der Gaul? Wie war überhaupt...?

Das hat alles keinen Zweck, dachte Stoffel und schloß die Augen. Ich weiß das Ende. Aber an den Abschluß der Nacht erinnere ich mich nicht – es ist klüger, wenn ich von vorne beginne. Doch langsam, das Denken tut verflucht weh, der Kopf hämmert, und ich sollte klar sein. Es ging doch alles normal, wie seit einigen Jahren. Genauer gesagt, wie seit seiner Heirat. Ursula hatte den Smoking bereitgelegt und das Hemd, die Krawatte, die Socken. Im Hemd waren sogar die Manschettenknöpfe und die Kragenknöpfe eingesteckt. Er hatte sich rasiert, ein Bad genommen, sich angezogen und Ursula Adieu gesagt. Auch wie alle Jahre. Sie ging nie an den Fasnachtsabenden aus. Er immer. Die Fasnachtsnachmittage, vom Fenster des «Wilden Mannes» aus, genoß sie sehr, und die in die Zimmer strömenden Masken aus den Chaisen fand sie freilich gelungen, aber sie zeigte sich ihnen gegenüber immer ein bißchen reserviert. Aus einer ausgesprochen wissenschaftlichen Familie stammend, hatte sie durch Generationen keinen Fasnächtlergeist geerbt und machte nachmittags wohl nur mit, um ihn, Stoffel, nicht zu enttäuschen. Sie ließ ihn am Montag- und Mittwochabend mit seinen Freunden auf der Casinoterrasse essen, diesmal um so lieber, als sie vor einer Woche den neuen Kellermann, «Der Tunnel», zum Geburtstag erhalten hatte. « Jetzt kann ich einen vollen Abend ruhig lesen», hatte sie gesagt, als er in Hut und Mantel schlüpfte und sich verabschiedete.

Die Masken kamen später als sonst auf die Casinoterrasse, überlegte Stoffel und fuhr sich über die Stirn. Man konnte geruhsam essen und zwischendurch Papa Clar, den Restaurateur, einmal mehr bitten, seine Kellner anzuweisen, oben, am Maskenball, nicht wie leider üblich, halbleere Champagnerflaschen abzuservieren.

Erst etwa um 9 Uhr herum begann der Betrieb. Das Intrigieren setzte dann überraschend ein. Stoffel erinnerte sich, daß, als sie beim Dessert waren, jeder der sechs Herren an seinem Tisch neben sich eine Maske hatte und daß er noch eine Flasche Neuenburger und ein Fläschli Eptinger und Strohhalme bestellte. Wer an den Tisch kam, hatte Durst, und das Intrigieren gewann an Intensität, wenn rechtzeitig eingeschenkt wurde. Aber war – und das dürfte die wichtigste Frage sein –, war das «schwedische Märchen» schon unter der Fülle von Masken, die an ihrem Tisch Halt gemacht hatte? Stoffel besann sich nicht genau. «Mit mir sprach sie auf jeden Fall damals nicht», entschied er. Sein Kopf drohte zu zerspringen.

Da öffnete sich die Türe. Ursula trat ein. Stoffel wendete den Kopf und stöhnte. «Ach, du bist wach», sagte sie. Ihre Stimme war viel leiser als sonst und klang irgendwie besorgt. «Bewege dich ja nicht und frage auch nichts. Alles ist in Ordnung.»

Nichts fragen? Dabei lagen hundert Fragen bereit. Ursula hielt ihre gute kühle Hand an seine Stirne. «Doktor Breitloser hat ein Pulver verordnet, das du gleich nehmen sollst, wenn du aufwachst.» Sie schüttete das Pülverchen in einen Löffel, stützte den Kranken und hielt das Glas mit Wasser hin. «Er komme im Verlauf des Morgens wieder vorbei. Schlafe ruhig noch ein wenig.»

Stoffel legte den Kopf in die bequemste Stellung, etwas nach links, und sann vor sich hin. Es muß also schwerer sein, als er sich gedacht hatte, wenn Dr. Breitloser geholt worden war. Doch welch liebe Frau! Er geht aus und amüsiert sich, läßt sie allein zu Hause sitzen, es passiert ihm irgend etwas – einiges ist passiert, dachte er, trotz seiner Schmerzen schmunzelnd –, und sie pflegt und betreut ihn rührend, wie wenn er eine schwere Krankheit hätte,

52

die nicht geheimnisvoll mit einem Maskenball zusammen hängt.

Sie rutschte das Kissen zurecht, zog Decke und Leintuch hoch, lächelte ihm gütig zu und sagte: «Schlafe noch ein Stündchen. Du hast Ruhe nötig. Wenn du etwas brauchst, rufe mich nur. Ich bin im Nebenzimmer.»

Stoffel schloß die Augen und döste. Wenn er bewegungslos lag, war der Schmerz einigermaßen erträglich. Das Pulver begann bereits zu wirken. Man konnte wieder nachdenken.

Um halb elf Uhr gingen er und seine Freunde an den Maski hinauf und trennten sich, wie vereinbart. Er durchbummelte mit Edi die Säle und fand den vorreservierten Vierertisch im schmalen Passagesaal, im sogenannten Schluuch. Sie setzten sich und bestellten eine Flasche Champagner. Am Nebentisch hatte bereits der Färbereibesitzer Xander Platz genommen und war mitten in einem Wortduell mit einer grellgelben Chinesin, die ihm, Stoffel, irgendwie bekannt vorkam.

Und dann kam plötzlich – nein, zuerst stand der «Bauerngarten» an ihrem Tisch. Stoffel konnte die Maske genau betrachten, weil sie sich auf Edi spezialisiert hatte und ihn selber nur nebenbei begrüßte. Der flache Hut mit dem breiten Rand und den vielen Filzblumen war dekorativ, aber etwas unpraktisch. Der weißblaue Rock war mit den gleichen Stoffblumen übersät, der weiße Rüschenkragen bildete einen netten Kontrast zwischen der zündroten Perücke und dem blauen, enganliegenden Samtmieder mit den Puffärmeln – merkwürdig, dachte Stoffel, wie man sich an solche vollkommen nebensächlichen Einzelheiten erinnert. Er freute sich, daß Edi Unterhaltung hatte und zugleich benied er ihn und wollte aufstehen, um selber im großen Musiksaal entdeckt zu werden, wo Hunderte von Masken bis zur großen Polonaise tanzten. Richtig, in diesem Augenblick kam das «schwedische Märchen». Es war groß, schlank und wollte neben dem Tisch vorbeigehen. Im letzten Moment drehte es den Kopf, sah ihn, warf die Arme beglückt in die Luft und stürzte hinzu. «Di kenn-y scho lang – jetz mueß y ändlig wisse, wie de haißisch!» rief sie und setzte sich zu ihm. Ein alter Trick, hatte damals Stoffel gedacht. Mit einem solchen Satz beginnen oft die Bestbekannten ihr raffiniertes Gespräch, um das Intrigierspiel für den Intrigierten noch niederträchtiger und schwerer zu gestalten. Wie habe ich mich getäuscht, überlegte Stoffel im Bett. Das «schwedische Märchen» kannte mich wirklich nur vom Sehen – jetzt weiß sie alles von mir und ich weiß viel von ihr, mit Ausnahme ihres Namens und ihrer Adresse. Doch wie kam ich überhaupt zum Namen «schwedisches Märchen»?

An Schweden hatte er gleich gedacht, als er die hellblonde Pagenperücke sah. Das rote Strohhütchen mit dem orange Voileschleier war zwar herzig, hatte aber eigentlich mit dem hohen Norden nichts zu tun. Ebensowenig das in den Farben und in der Stoffwahl so gelungen ausgearbeitete Kostüm aus Taft und Filz, ziegelrot und

orange mit weißen Seidenbändern abgesteppt. Der Ridikül bestand aus weißen, orange und roten Seidenbändern und die langen Handschuhe aus weißem Leder.

Doch die Larve – ja, das bleiche, erstaunte Gesichtchen mit den etwas hochgezogenen Augenbrauen und dem zugespitzten Mund verband den Begriff Schweden mit etwas Unwahrscheinlichem, Märchenhaftem. Und schon war der Name geboren.

«Y ha zwor dänggt, y syg aifach e ‚Gschupfti‘, aber ‚e schwedisch Märli‘ isch nadyrlig vyl glatter!» rief sie, und man stieß auf den neuen Namen an. Sie sagte, daß sie ihn jeden Tag viermal über die «Handelsbank» gehen sehe, wenn sie sich auf dem Weg zur Arbeit befinde und daß sie jetzt endlich wissen müsse, wer er eigentlich sei. Stoffel ging auf das Spiel ein und machte aus sich einen Regierungsrat, ohne einen Namen zu nennen.

So überraschend sie gekommen war, so schnell war sie verschwunden und hatte auch gleich den «Bauerngarten», die Gefährtin von Edi, mitgenommen. «Mer gsehn is speeter nonemole an däm Tisch», versprach sie und huschte davon.

Edi war der Ansicht, daß sich die beiden Frauen keinesfalls kannten, freilich ohne zu wissen, wer unter den Larven steckte. «Fasnachtsfreundschaft», sagte er. «Ohne eine Ahnung zu haben, wer sie sind, werden sie heute abend beieinander bleiben, weil der Zufall sie an unserm Tisch zusammengebracht hat.» Er lachte und trank sein Glas aus. «Ich glaube, ich suche mir eine andere», meinte

56

er, «du darfst nicht vergessen, in ein paar Stunden, morgen um vier Uhr, ist die Fasnacht wieder vorbei.»

Hätte er, Stoffel, doch ähnlich reagiert! Dann wäre vielleicht alles anders herausgekommen. Dann läge er jetzt nicht im Bett und es wäre ihm vermutlich nicht so mies. Aber das Schicksal nahm seinen Lauf.

Nachdem die beiden Masken verschwunden waren und auch Edi in den Musiksaal geschlendert war, hatte er sich geärgert. Geärgert über sich selber! Nicht etwa, weil das «schwedische Märchen» ihm unbekannt war – man konnte doch nicht alle Jumpfern, die einem auf dem Geschäftsweg begegnen, mit dem Namen kennen! Aber weil – ja, er hatte es sich schon zu jenem Zeitpunkt eingestanden –, weil er sich in «Unbekannt» verliebt hatte. Herrgott noch einmal, da ist man glücklich verheiratet, erlebt eine ganze Serie von vergnüglichen Maskenbällen, ohne daß das Herz dabei auch nur im geringsten ins Klopfen geraten wäre, und jetzt plötzlich war es anders. «Es het mr dr Ermel ynegno, verdoria. Isch jetz das neetig gsi!» schimpfte er mit sich selber und beschloß mutig, aber nicht unbedingt überzeugt, den Fall nicht tragischer zu nehmen, als er war.

Er stellte den stark verminderten Inhalt der Flasche fest. Auch der Schluuch hatte sich nahezu geleert. Alles war in den großen Musiksaal hinübergezogen. Selbst er hoffte, dort Ablenkung zu finden, stand auf und bummelte gegen den Musiksaal.

Kaum vermochte er sich auf dem Balkon zwischen den

älteren Damen und Zivilisten durchzuzwängen. Die Polonaise war in vollem Gang. Schon paradierten die Masken in Achterreihen vor den strengen Augen der Jury vorbei. Ein phantastisches Bild! Eine Symphonie, ein wahrer Rausch von Farben, in den verschiedensten Abtönungen, ein Symbol der Seidenbänder- und Färberstadt, wie es anderswo gar nicht möglich wäre, hatte Stoffel gedacht. Eine neckische Schäferin in weitausgeschnittenem Rokoko-Kostüm mit einem Schäfchen auf dem Arm stand linkisch abseits. Typisch! Die Basler Fasnacht wahrt ihre Tradition, hatte er genießerisch festgestellt. Man merkt doch schnell, daß unter einem Décolleté-Kostüm keine Baslerin steckt, ganz abgesehen vom Kostüm, dessen Krinoline erst noch geschlitzt war und gelegentlich ein Bein mit einem roten Strumpfband enthüllte. Die armselige Auswärtige, die sicherlich in ihrem Unverstand auch noch mit einem Preis gerechnet hatte, fand nicht einmal Anschluß zur Polonaise.

Doch ganz automatisch suchte Stoffel das rote Strohhütchen mit dem orange Voileschleier. Seine Augen blieben immer wieder an den Gruppen hängen, die aus den Einzelmasken hervorstachen. Er entdeckte die gelbe Chinesin mit dem Mandarinenhut und fand selbst die große Rad-Kopfbedeckung des «Bauerngartens» – ,doch da, gleich neben ihr, marschierte stolz sein «schwedisches Märchen». Sein... lächerlich! Er wollte an etwas anderes denken und es zog ihn doch zu ihr. Und als sich die Polonaise auf einen Wink der Jury in einen Walzer auf-

löste und Stoffel bemerkte, daß der «Bauerngarten» mit dem «schwedischen Märchen» tanzte, drängte er ganz automatisch zur engen Treppe neben der Orgel durch, um sein Mäskli im Saal unten nach dem Tanz gleich zu finden. Es gab eine Stockung auf dieser Treppe, zu viele wollten hinauf, andere hinunter, kurzum, als er endlich im Saal unten war, fand er sie nicht mehr.

Stoffel hatte Durst. Seine Zunge war trocken. Aber wenn er jetzt Ursula rufen würde, müßte notgedrungen der Faden der Geschichte unterbrochen werden. Er bemühte sich, auf den Nachttisch zu blicken und entdeckte ein Glas mit Mineralwasser. Welches Glück! Auch wenn die Bewegungen den Schmerz in seinem Kopf aufleben ließen, war dies doch weniger schlimm, als wenn er durch Ursula in seiner Rekonstruktion gestört worden wäre. In hastigen Schlücken trank er das Glas leer.

Nahezu gleich groß war sein Durst, als er nach vergeblichem Suchen im ganzen Casino an seinen Tisch zurückkam, die Flasche leerte und eine neue bestellte.

Auch Edi war verschwunden. Am Nebentisch saß die Chinesin, die immer noch die Larve trug, in einem ihm fast ernst scheinenden Gespräch mit Herrn Xander. Ohne es zu wollen und vor sich hinstarrend, war Stoffel Zuhörer. Die Chinesin sagte mit unveränderter Stimme:

«Aber dr Ruedi Rotkopf kennsch doch.»

Ja, meinte der Industrielle, der arbeite auch bei ihm.

«Was du Lyt kennsch, wo by mir schaffe», wunderte er sich.

«Jä und dr Bärnhard Stiggli...»

«Hm, dä isch e bitzli e langsame», meinte er.

«Do siehsch, wie me sich in de Lyt tysche ka!» rief sie und legte ihre Hand auf seinen Arm.

Stoffel erinnerte sich genau. Als der Name «Stiggli» fiel, war er zusammengezuckt. Die Stigglis – sie wohnen keine 100 Schritte nebenan, und Ursula und Frau Stiggli stehen besonders gut miteinander. Eine nette, initiative Frau, während ihr Mann, nach dem Geschmack von Stoffel, ein wenig borzig und langweilig ist. Stoffel wurde es ganz klar: die Chinesin war identisch mit Yvonne Stiggli. Xander hatte gefragt: «Dr Stiggli? Was soll bsunders an däm sy? Er macht sy Sach, aber er isch doch e bitz e Langwuur.»

«Eebe nit», widersprach die Chinesin, «los jetz – kumm, my Glas isch läär – loos, y kenn d'Stigglis guet. Si sind baidi mit uns nooch befrindet. De kasch dr nit vorstelle, wie dr Bärnhard e tolle Schaffer isch. Du, dä hockt jede Obe hinder syne Biecher und studiert und lehrt und goht kuum aimol in vierzäh Däg uus mit syner härzige Frau, numme will er will wytters ko im Gschäft. Proscht! – Du, im Vertraue ka-n-ych dr sage: dä het e Achtig vor dr, du, das isch scho e Hochachtig! Pletzlig wirsch du d'Auge uffmache und entdecke, was fir e Hilf dy Bude im Bärnhard Stiggli het! De wirsch's gseh!»

Xander lächelte erstaunt und tätschelte die Hand der Chinesin. «He nu», sagte er, «wenn du di e so ins Fyr fir dr Stiggli legsch, wird y nit drum umme ko, emole sy Lohnlischte zkorrigiere. Y will dra dängge – aber kumm, gehn mer emole zwischedure go danze.»

Stoffel hatte geschmunzelt. Er gönnte den Stigglis, besonders Yvonne wegen, eine Besserstellung. Aber ihm war damals gleichzeitig aufgestiegen, wieviel mehr hinter dem Begriff «Basler Fasnacht» steckt, als man allgemein annimmt. Ein Witz, eine Glossierung, ein Fest, das durch die Maskierung und durch die Trommelcliquen einen besonderen Reiz bekommt? Nein, viel mehr! Vor allem, dank der Maskierung, die gänzliche Verwischung aller Klassenunterschiede. Nicht die politische Richtung zählt, nicht der Ort, wo man wohnt, nicht das, was man arbeitet, nicht die Stellung in seinem Beruf, sondern Kostüm und Larve und, natürlich, das Mundwerk, man könnte fast sagen der Geist. In vielstündiger, ernster Vorarbeit wird ein Kostüm entworfen und geschneidert, die Larve ausgesucht und nach seinen Ansichten gemalt, dann wird der Vorrat von Intrigiermaterial durchstöbert und man zieht hernach auf gut Glück los. Und so steht die Frau eines Angestellten mit dem hohen Chef ihres Mannes vom ersten Augenblick an auf du, obwohl sie ihn nur vom Sehen kennt. Ein kleiner Beamter kann seinem Departementschef derbfreundlich «alte Knoche» sage, ohne daß er seine Stelle riskiert. Im Gegenteil: der große Herr grinst gutmütig und irgendwie geschmeichelt.

Stoffel hatte sich nie vorher diese Seltsamkeiten der Maskenbälle überlegt. Ihm und seinen Freunden lag dies alles derart in Fleisch und Blut, daß es als selbstverständlich angesehen wurde. Erst das Gespräch der Yvonne Stiggli, alias der Chinesin, mit Herrn Xander brachte ihn darauf.

Durch den Schluuch, der als Verbindung zwischen den verschiedenen Tanzsälen diente, war ein emsiges Hin und Her. Einige der kostümierten Damen hatten bereits ihre Larven weggelegt und zogen, glücklich am Arm eines Kavaliers, zu einer Erfrischung. Auch seine Freunde kamen vorbei, hielten am Tisch an und zeigten ihre Eroberungen. Stoffel lachte freundlich, aber er war nicht bei der Sache. Er wollte nicht gestört werden.

Plötzlich saß das «schwedische Märchen» wieder neben ihm. Der Edi und sein «Bauerngarten», erzählte sie, hätten bei einer großen Gruppe im Gelben Saal Platz gefunden. Ob er nicht auch kommen wolle?

Nein, entschied Stoffel, jetzt bleibe man zusammen an diesem heimeligen Tisch und nütze die günstige Gelegenheit des Alleinseins zu einem ausgiebigen Schwatz aus. Ob sie nicht die Larve weglegen möchte? Es sei doch elend heiß und sie wolle sicherlich endlich etwas trinken, ohne einen Strohhalm benützen zu müssen.

Aber die Maske schüttelte den Kopf. Mit ihrem verstellten, hohen Stimmchen erklärte sie, vorläufig bleibe die Larve vor dem Gesicht. Sein Wunderfitz solle sich ruhig noch ein Weilchen gedulden, und übrigens sei sie vermutlich gar nicht so hübsch, wie er es sich vorstellte, obwohl er sie jeden Tag sehe und freundlich anlache.

Im Gespräch, durch Fragen in die Enge getrieben, gestand Stoffel, daß er also kein Regierungsrat sei und auch keiner sein möchte, wo er arbeite, ja sogar, wie er heiße. Seinen Vornamen hatte sie ja bereits von Edi und den andern Freunden gehört. Und als er dann seinerseits ein wahres Trommelfeuer von Fragen begann, rückte sie nach und nach mit der Sprache heraus. Nach einer Stunde wußte er, daß sein «Märchen» zwischen 24 und 28 Jahren alt ist, mit ihrer geschiedenen Mutter in der Gundeldinger Straße lebe, seit vier Jahren in einem Bureau an der Freien Straße arbeite und momentan keinen Freund habe. «Was hast du da für eine Narbe?» fragte er und wies auf eine Stelle am rechten Unterarm, wo der Handschuh verrutscht war. «Ach, ich habe mich beim Bügeln gebrannt. Es sieht häßlich aus», meinte sie und zog rasch den Handschuhstulpen darüber.

«Es ist gar nicht häßlich, im Gegenteil, die Narbe hat eine gelungene Herzform», sagte er und zog die Stelle an seinen Mund. Aber sie wehrte schnell ab. «Paß auf, ein Onkel sitzt dort drüben, und ich will nicht, daß er jedes Detail meiner Mutter erzählt.»

Stoffel atmete im Bett tief auf. Noch sah er den Onkel vor sich. Er hatte gar nicht so onkelhaft ausgesehen, sondern machte auf ihn vielmehr den Eindruck, ein Freund, wenn nicht gar der Mann seines «Märchens» zu sein. Der Bursche gaffte tatsächlich ständig hinüber, obwohl auch er in Begleitung war. Dieser vermeintliche Onkel war kurz später auch der Grund, daß sie auszogen, um so mehr, als Edi mit dem «Bauerngarten» anrückte. Sie trug bereits eine Halblarve. Doch Stoffel kannte sie nicht. Er hatte auch ebensowenig Interesse an ihr, wie sie an ihm, und Edi empfahl: «Mir händ Eich e Zyttli elai glo – so,

64

jetz lehn Ihr uns elai und hauet's e bitzli ummenander.»
Der Wecker tickte silbern in die Ruhe des Krankenzimmers und hämmerte unentwegt die Fragen in Stoffels Kopf: Was ist passiert? Wer ist das «schwedische Märchen»?

Arme und Beine konnte er ohne weiteres bewegen, und der Schmerz am Kopf war auch nahezu verschwunden. Es blieb nur ein bleierner Druck, der ihm auch das Denken erschwerte. Er sah sich noch aufstehen von jenem Tisch, das «Märchen» am Arm nehmen und ein Grußwort an Edi und den «Bauerngarten» zurückrufen, und dann hatten sie da und dort getanzt, saßen einmal lange auf dem Balkon und sprachen fast philosophisch und viel zu ernst für einen Maskenball über die Liebe und über die vielen Probleme, die mit der Liebe zusammenhängen. Er war läppisch genug gewesen, einer Frau, die eine Maske vor dem Gesicht trug und die er garantiert nicht kannte, alles zu sagen, was ihm gerade auf der Zunge lag, doch sie schien ihn zu verstehen, auch wenn sie ihre Stimme immer verstellte und die Larve nicht vom Gesicht nahm. Nur einmal, im kalten, zugigen Durchgang unten. Da hielt er sie an den Schultern fest, blickte durch die schmalen Schlitze der Larve, hinter denen er den einzigen nicht verdeckten lebenden Ausdruck seines «Märchens» sah, zwei glücklich strahlende Augen, und sagte:

«Y darf nit wisse, wär du bisch. Guet, y will's au nit wisse, wenn du's e so wotsch. Aber – 's isch gräßlig – y ha di eländ lieb, y bi nit numme verliebt, und ai Schmutz, e ainzige Schmutz, mueß y dr gä, bevor d'Fasnacht umme isch.»

Sie schaute herum und entdeckte die großen, schweren Vorhänge, die vor den Türen des Durchgangs hingen. Da zog sie ihn hinter einen der Vorhänge. «Y ha di au lieb, Stoffel», flüsterte sie, «und mer gänn is dä Schmutz – aber numme unter dr Bedingig, daß de nit luege darfsch. De sollsch nit wisse, wär di e so lieb het.»

Er versprach die Bedingung einzuhalten. Und, er Schafskopf, hielt sich an sein Versprechen und behielt die Augen geschlossen, bis das «Märchen» die Larve wieder über das Gesicht gezogen hatte.

Ein Kuß. Ein einziger langer, guter, vielversprechender Kuß. Stoffel hatte vorher den einen Kuß gewünscht. Nun hoffte er, daß dies nicht der letzte Kuß gewesen sei und widersetzte sich daher, als das «schwedische Märchen» sich von ihm verabschieden wollte. Das komme gar nicht in Frage. Er und niemand anders begleite seinen Maskischatz nach Hause, doch vorher wolle man doch noch im Bahnhofbuffet zusammen Frühstück trinken.

Wie hatte er sich darauf gefreut. Zum Essen muß sie die Larve weglegen, dachte er, dann kann ich ihr Gesicht endlich sehen. Arm in Arm, fröhlich und übermütig, stiefelten sie durch die Casinoräume. An ihrem Tisch im Schluuch saßen immer noch Edi mit dem «Bauerngarten». Der Kellner stand dabei, so daß Stoffel gleich seinen Anteil an den diversen Flaschen zahlen konnte.

Bei der Garderobe neben ihnen half Herr Xander seiner

66

Chinesin in das einfache Mäntelchen, das gar nüchtern und schlicht die bunte Pracht des Kostüms verdeckte. Und dann... ja, was dann?...Dann mußten sie auf die Droschke warten... auf die Droschke warten am Steinenberg... die Droschke... ein grauer Nebel verhüllte das Gedächtnis von Stoffel. Er bemühte sich, den Faden nicht zu verlieren und schlief dabei ein.

Jemand berührte seine Schulter. Er schlug die Augen auf. Neben seinem Bett stand Ursula und ein Mann. Ach, Dr. Breitloser. Der Arzt erkundigte sich nach dem Befinden, untersuchte subtil den Kopf und meinte, es gäbe nichts anderes, als zuzuwarten.

Stoffel raffte sich auf. «Was isch denn aigedlig mit mir passiert?»

Das Sprechen fiel schwer. Der Kopf dröhnte bei jedem Wort.

Ursula schob dem Arzt einen Stuhl hin und setzte sich an die andere Seite des Bettes. Sie bat ihn vor allem, sich nicht aufzuregen. Er sei um halb fünf Uhr mit einer Droschke nach Hause gekommen, ohnmächtig. Der Kutscher erzählte dies und fügte bei, eine Maske habe die Adresse gewußt. Diese Maske, mit der Larve vor dem Gesicht, sei mitgefahren, habe bezahlt, an der Haustüre geläutet und sei dann verschwunden.

Sie, Ursula und der Kutscher hätten ihn hinauftransportiert und ins Bett gelegt. Der Kutscher habe noch gewußt, daß er beim Einsteigen in die Droschke vor dem Casinoeingang über den Trottoirrand gestolpert und gestürzt sei und sich den Hinterkopf schwer aufgeschlagen habe. Darauf habe sie dem Arzt telephoniert.

Doktor Breitloser bestätigte, es handle sich sehr wahrscheinlich um eine schwere Gehirnerschütterung ohne äußerliche Verletzung des Schädels, hingegen mit einem temporären Defekt des Erinnerungsvermögens. Absolute Ruhe und sorgsame Pflege sei nun nötig, abgesehen von den verordneten Pulvern. «So ka's aim halt go ammene Maski», meinte er lächelnd und verabschiedete sich.

Stoffel lehnte den Kopf zurück. Nun wußte er wenigstens, was ihm körperlich passiert war. Seine Aufregung, neben dem «schwedischen Märchen» in der Droschke zum Bahnhof zu fahren, die Maske zu lüften... diese Erregung ließ seinen Fuß straucheln, ja weit mehr, ließ das Geheimnis um das «schwedische Märchen» verhüllt.

Ursula strich ihm über die Haare. «Y bring dr gly e guet Sippli. Dr Herr Dokter het gsait, de darfsch alles ässe.» Er sah dankbar hoch, wobei ihm an ihrem rechten Arm etwas auffiel.

«Was hesch do fir e Pflaschter?» fragte er.

«Ah, das isch nyt», sagte sie rasch und wandte sich ab, «y ha mi naime agschlage oder an ebbis brennt...»

«...hm, het's e Narbe gä?» fragte er überraschend schnell, «amänd aini innere Härzform?» Er wagte kaum zu atmen.

«Frog jetz nit e so vyl», meinte sie, und ihr Gesicht wurde rot, «de muesch Rueh ha. Und y gang dr jetz go dy Sippli hole, gäll.»

# Roti Räbbli

VON HANS RÄBER

Das isch e Fasnachtsgschicht. Aber si isch nit luschtig, sondern 's puuri Gegedail. Jo, es duet mer laid und y ka nyt derfir. So isch halt 's Läbe-n-ebe. Es nimmt kai Ruggsicht uf Fasnacht oder Fescht, sondern bricht sich Bahn und bringt im ainte Gligg und im andere-n-Eländ, grad wie's vorbstimmt isch.

Die Sach het also anere Fasnacht ihre-n-Afang gno, und zwor bi de Basilisgge. D'Basilisgge sin e gerisseni Clique gsi. Ihri Sujets hän immer Sprutz gha. Under de Pfyffer isch speziell e guete Zämmehang gsi. Und 's het e Gattig gmacht, wenn si acht Raihe dief – insgesamt vierezwanzig Piccolospiler – derhär ko sin. Aber au d'Damboure hän sich seh lo derfe. Zwor sin si «nur» achtzäh gsi, derfir hän aber ihri Kibel deent wie Gleggli. Dr Drummelchef isch jedes Johr under de-n-erschte sächs gsi am Brysdrummle. Er isch allerdings e bitzli als Star verbrielt gsi. Me kennt die Sorte in mänger Clique. Si sin Fanatigger und vergässe driber ebbe, daß si jo in erschter Linie Fasnächtler sy sotte und in zwaiter Linie Damboure-n-oder Pfyffer. Aber item, dr Drummelchef het drotz allne-n-Afindige – und 's git jo iberall gwissi Quertryber und Stänggerer – syni Lyt uf dr Morgestraich ane doch im Sagg gha, wenn's au als ums Drummeli umme-n-e bitzeli kriselet het under de Damboure. Denn er isch halt ebe numme mit de sibe Beschte ans Monschter!

Me seht also, alles in allem isch die Clique scho rächt gsi. Es het e glatte Don gherrscht und vom aifache Lokal-Bietzer us dr Chemische isch bis zuem guet gstellte Dambourmajor, wo jedes Johr e Dausiger gribe het fir sy Goschdym, 's Morge-n-ässe am Mäntig, 's Banggett am Mittwuch und etligi Mol ykehre vo dr ganze Gsellschaft, alles verträtte gsi. E prima Mischig! Sit zäh Johr aber isch dr Haiggi Santschi de Basilisgge als Presidänt vor-gstande. E bessere hät d'Clique nit kenne finde. Dr Haig-gi isch afangs vierzig gsi und het nit schlächt usgseh. Großgwachse-n-und stattlig het er e kurzgschnitteni Fri-sur drait. Er isch Architeggt gsi und het e nätti Frau gha. Es isch em guet gange-n-in sym Bruef. Anschynend also e bitz e Gliggspilz.

E Wuche vor dr Fasnacht het er us haiterem Himmel e Härzattagge griegt. Er het gmaint, e Hammer schlieg en an Bode. s'isch in sym Byro bassiert. Und wo-n-er wider zue sich ko isch, isch er pflätschnaß gsi und het sich sau-mäßig gfiehlt. Dr Doggter het e bedängglig Gsicht gmacht noch dr Undersuechig und gsait, er mieß sofort ufheere schaffe, derf nimm Alkohol dringge und nit rau-che und iberhaupt…

Dr Haiggi het vor sich aneglacht, 's Rezäbbt ygsteggt und isch haim. Syner Frau het er nyt vo sym Zuestand gsait. Er isch wie sunscht wider ins Gschäft. Aber er het sich vorgno, noch dr Fasnacht als Presidänt dr Ruggtritt znäh. Denn das Amt het en wirgglig zimlig beasprucht. Dr Haiggi isch fir sy Clique-n-umenandgrast. Er het gluegt, daß d'Goschdym rächtzytig fertig wärde, isch mit em Kinschtler go dr Stoff ykaufe und am Larvemacher nit ab dr Buude, bis 's letschti Gipfli an de Kepf ybaßt und de

74

Pfyffer ihri Larve hundertprozäntig gsi sin, was vyl haißt, wenn me waiß, wie schwär daß es isch, e-n-ywandfreyi Pfyffermasgge z'baue, wo ums Muul umme sitzt und kaini falsche Deen an d'Ohre wytergit.

Dr Haiggi het de Wagebauer uf d'Finger gluegt und isch im Ladärnemoler hundertmol ins Atelier gstiflet. Er het dr Zeedeldichter «azunde» und isch mit däm sym Erguß uf d'Bolizey wäge dr Zensur. Er het mit em Drugger ghändlet, well em dr Babyrprys nit baßt het und isch mit em Rotstift in de Birschte-n-Abzig ummegfahre. Und wyter het er gluegt, daß 's Requisit in Ornig ko isch. Kurz und guet, es het iberhaupt nyt gä, wo dr Haiggi nit hegschtperseenlig gmacht und iberprieft het.

Aber er isch nit numme-n-e vorbildlige Presis gsi, sondern au e glänzende Vorryter. Johr fir Johr isch är synere Clique mit eme närveese Fuchs voruusgritte. Und immer wenn er mit sym Gaul ufdaucht isch, het 's Volgg gsait: «Au lueget emol do, dä bäumig Ryter!»

Vier Dag vor em Morgestraich het 's dasmol by de Basilisgge Krach gä. Noch em Iebe hän sich d'Damboure und d'Pfyffer in dr Wirtsstube-n-unde zämmegfunde und derby isch die ganzi Corona versammlet gsi: dr Dambourmajor, sibe Vorträbler, d'Lyt vom Wage und d'Requisitemanne.

Agfange het 's, well dr Zugschef gsait het, me haig dasmol zwenig Vorryter. Und 's isch wohr gsi: es sin sunscht immer fimf Vorryter gsi. Dasmol aber sin numme drei Amäldige vorgläge. Und do het dr Zugschef gsait, är wißti scho-n-e Uswäg. Me kennt fir dasmol e Frau lo mitryte.

«Was?» het dr Presidänt e rote Kopf griegt. «E Frau? Y glaub de bisch verruggt. In unserer Clique het no nie e Wyb mitgmacht. Mir sin e Heere-Clique. Es git gnueg Wurscht- und Brot-Verbindige, wo Pfyfferinne hän und wo uf em Wage Fraue mitmache. De waisch ganz gnau, daß d'Basilisgge e Dradition hän, daß bi ihne kaini Fraue zueglo sin.»

«Worum solle mir aigetlig immer 's schwachi Gschlächt usloh?» het dr Zugschef giftlet. Und die jingschte-n-under de Pfyffer hän enander undernähmigsluschtig agluegt. «Jo, worum aigetlig?»

«Y will Eych sage worum», het dr Presidänt sy Bierglas uf dr Disch knallt: «Well's immer Mais git, wenn Wyber mitmache. Krach und Yfersichteleye. Und dorum bruucht's gar kai Diskussion. Bi de Basilisgge mache-n-aifach kaini Fraue mit, baschta!»

Aber dasmol het dr Haiggi dr Kirzer zoge. Komisch, sunscht hän si em gfolgt wie Scheefli. An däm Obe aber het's immer mehr Ufregig gä am Disch mit de heerlige Fasnachtsladärne driber. Die eltere hän scho zuem Haiggi ghalte, aber die ganz junge Basilisgge hän nodinoh d'Oberhand iberko. Und am Änd het me-n-abgstimmt driber. D'Clique het bschlosse, dasmol derf e Frau mitryte. Es het sich um e fimfezwanzigjährig Maitli ghandlet, em Zugschef sy Nichtli. Und är het sich verpflichtet, no-n-e wytere Ryter ufzdrybe. Sy Nochber haig immer

76

by-n-ere Clique mitgmacht. Dä käm scho. Und denne syge si jo wider fimf Vorryter.

Dr Haiggi isch mit ere Stinggwuet haim. Er het schwarz gseh. Alli Fraid het's em welle uf d'Fasnacht yne näh. No lang het er sich ufgregt im Bett ummegwelzt und erscht gege-n-e Morge Schloof gfunde. Glunge, es isch – hinde-dry bedrachtet – fascht gsi, wie wenn dr Haiggi e Seher gsi wär. Oder sott me sage, er haig 's Ungligg berufe? Am Samschtig vor dr Fasnacht het me kenne im Gloschterstibli d'Goschdym go abhole. Am Nomidag isch dr Haiggi mit gmischte Gfiehl die fimf Mäntel vo de Vorryter go aluege, wo dert an dr Garderobe ghange sin. D'Directrice vo däm große Modehuus, wo de Basilisgge immer d'Sache gschnyderet und gnait het, het em sy bluetrote-n-Umhang mit em blaue Göller aprobiert. Alles isch tadellos gsässe. Und wo-n-er sy Sach im Wage verstaut gha het, isch er nonemol schnäll zrugg in d'Gloschterstube, het jede Mantel abghängt und uf de-n-Etiggette d'Nämme gläse. Naime het's ghaisse: Trudi Belmont. Es het dr Haiggi gschittlet. D'Basilisgge-n-und e Frau! Denne-n-isch er fluchtartig uf und dervo.

Am Sunntigzobe het sich d'Clique uf em Fabriggarreal vom Dambourmajor versammlet. Dert isch d'Ladärne in dr Sunne gstande. Si het prächtig usgseh und 's schwarz-wyßgflammti Duech am Draggstell het im Merzewind gwaiht. D'Frau vom Dambourmajor isch mit Fasnachtskiechli umenandergrennt. Dr Dambourmajor aber het Rote-n-und Wyße-n-usgschänggt. Wie immer isch dr Wyß

77

usgezaichnet und heerlig kiehl gsi, während dr Rot e paar Grad tämperierter no besser gmundet hät. Dr Haiggi isch nit rächt im Strumpf gsi. Er het sy Niderlag nonig verwunde gha. Und erscht nochdäm är dr Zinnbächer zuem fimfte Mool gläärt gha het, isch er e bitz in Stimmig ko. «Wo hesch dy Frau, Haiggi?» het dr Dambourmajor gfrogt und hinder der schitzende Hand dr Stumbbe-n-azunde. Si syg uf Arosa in d'Schyferie, het dr Haiggi gsait. «Mer hän dert obe-n-e Feriehysli kauft.»

«s'Mami isch hitemorge verraist, es kunnt erscht wider noch dr Fasnacht zrugg», het 's Bettina, 's zwelfjährig Dechterli vom Haiggi dr Babbe sekundiert und derby sy fasnachtskiechli-gläbrige Schnabel verzoge, als wie wenn's sage wott: «Wie kame-n-au verraise, wenn's Fasnacht isch?»

Und denn het's sächsi bänglet. D'Pfyffer sin ygstande und hän am Piccolo dr Asatz gsuecht. D'Dräger hän d'Ladärne-n-ufgno. Si isch schwär gsi, denn d'Gasfläsche-n-isch bereits montiert gsi. Und denn isch d'Basilisgge-Clique-n-abmarschiert. Voruus d'Pfyffer, wo dr Arabi bloose hän. Und hindedry sin d'Vordräbler gloffe, d'Damboure-n-ohni ihri Drummle, d'Vorryter und d'Lyt vom Wage, ygschlosse d'Fraue mit de Kinder.

So het me d'Ladärne ins Lokal pfiffe, wie das ebe Bruuch isch. Und dert isch me nadyrlig no hogge blibe. Dr Haiggi isch als aine vo de letschte haim. Er het zwai Wegger grichtet und bald druf dief gschloofe.

Fimf Minute vorem Gerassel isch er vo-n-ellai verwacht.

Er het sy Dechterli gweggt. Das isch em go dr Kaffi mache und denn het dr Haiggi sy Blätzlibajaß aglegt. 's Bettina isch mit em Getti an Morgestraich. Dr Haiggi aber isch beraits am drei im Gloschterstibli ako. Dert isch alles im Charivari ydroffe. Me het Mählsuppe glefflet und si mit eme Gutsch Wy gwirzt oder Käs derzue gä. Und denn isch dä sälig Momänt ko, wo alles dusse gstande-n-isch und dr Dambourmajor mit dumpfer Stimm hinder synere schregglige Waggislarve brielt het: «Dr Morgestraich, vorwärts, marsch!»

Am Nomidag het wider d'Sunne gschine. Es isch zwor ordlig frisch gsi, aber das het vor luter Ufregig kai Basilisgg gmerggt. Am viertel vor zwai isch dr Zug binenand gsi. D'Ladärne-n-isch do gstande. Am Requisit het me no zwai Neegel ygschlage. Die letschte Gatter mit Orange sin in Wage-n-yneglipft worde. Und denn sin d'Roß ko. Dr Haiggi het sy Fuchs ibernoh. Bevor er sich het kennen-uffeschwinge, het er e Hampfle roti Räbbli ins Gsicht biko. Er het sich umdrait und gluegt, wär dä hinderlischtig Agriff uf em Gwisse gha het. Es isch e jungs Maitli gsi im Goschdym vo de Vorryter. 's Trudi Belmont wohrschynlig. Dr Haiggi isch ufgsässe und het dr Kopf aglegt. Und denn isch er ab an d'Spitze, wie wenn nyt bassiert wär. 's Trudi het nit schlächt usgseh. Kunschtstigg in Stifel und däm bäumige-n-Umhang! Wenn naime 's gfliglet Wort gilt vo «Kleider machen Leute», denn bestimmt bim Ryt- und Pfärdesport.

Das Maitli het wenigschtens kenne ryte. Es isch links

vom Presidänt ygrait worde-n-und het dert sy Blatz gha bis zobe. Dr Haiggi het sich aber nie vorgstellt und sich im ibrige-n-ufgfiehrt, als ob die Jumpfere Luft wär fir ihn. Noch em gmainsame Nachtässe isch denn die ganzi Clique go gäßle. Wider sin dr Vortrab, d'Wagelyt und d'Vorryter Arm in Arm mitgloffe. Und dr Presis het nyt kenne mache, wo das Maitli sich aifach bi ihm yghängt het. Si hän kai Wort mitenand gredt und komischerwys het dr Haiggi die ganzi Situation no glunge gfunde.

Im «Schlissel» sin si näbenander z'sitze ko. Er het am Trudi d'Hand gä und gsait, er haiß Haiggi Santschi.

«Und Si?» het er gfrogt.

«Y bi 's Trudi Belmont. Und y glaub, an dr Fasnacht sait me-n-enander Du. Tschau Haiggi!»

Do dermit het d'Vorrytere-n-ihre Zwaier Dezalay am Presidänt entgegeghebt. Und wo ihri Reemer zämmebotscht sin, het's deent wie-n-e Gloggeglang.

Und denn het 's Trudi d'Auge zuegmacht und dr Kopf zuem Haiggi iberebeugt. So daß er em wohl oder ibel het mieße-n-e Schmutz gä.

Wenn er aber gmaint het, am Trudi syni Libbe däte sich ihm kiehl und schichtern abiete, so het er sich tyscht wie no nie. Fir drei Sekunde isch dr Haiggi wie verstaineret gsi. Denn het er 's Trudi agluegt. Alli Farb isch us sym Gsicht gwiche-n-und er het dr Reemer paggt, daß d'Gneedli vo synere Rächte ganz wyß worde sin. Es het e Momänt lang usgseh, wie wenn dä groß und stattlig Ma vom Blitz droffe worde wär.

Vo däm Augebligg a isch dr Haiggi nimm dr alti gsi. Sy vierzigjährig sänggrächt und korräggt Läbe isch us dr Bahn gworfe gsi, so lächerlig daß sich das velycht läse mag. Es het jo immer e baar loggeri Basilisgge gä, wo gspettlet hän, dr Santschi syg e Spießer. Vom Fasnachtsmäntig a aber het em das kaine meh kenne nochesage. Er isch kai Schritt meh vom Trudi ewäg. Wenn sich die andere-n-immer wider by sällem oder jenem yghängt hän, no sin dr Presidänt und d'Vorrytere zämmeblibe. Dr Haiggi het sich glaini Vertrauthaite usegno. Ebbenemole het er sy männligi pflägti Hand uf die glaini aber greftigi Linggi vom Trudi glegt. Und wo d'Clique am vieri demorge usenand isch, het dr Haiggi 's Trudi im Wage haimgfiehrt. In dr Neechi vom Belmontsche Huus het er aghalte. Dr Radio het lyslig Danzmuusig gspilt. Im Wagen-isch es dunggel gsi. D'Lampe het dr Haiggi verlescht gha und dr Motor abgstellt. Er het sy Hornbrille-n-abgno und sich zue synere Mitfahrere gwändet.

«Das isch e heerlige-n-Obe gsi. Y ha mi scho lang nimme-n-eso jung gfiehlt.»

's Trudi het lutlos glacht und gsait, es haig sicher zvyl drungge und wohrschynlig anenander dumms Zyg gschwätzt.

Dr Haiggi het no e baar Sekunde gwartet und denn het er das jung Maitli in syni Ärm gschlosse. Es het em Trudi fascht dr Schnuuf gno vo däre Kraft, und 's het gmaint, es mieß verstigge. Aber es het em gschmaichlet, daß dr Presidänt vo de Basilisgge, dä hochmietig Fraueverächter, eso Fyr gfange het. Und es het – wie das d'Fraue halt ebbe mache – das Fyr guet und gschiggt gschyrt. Und dr Haiggi het lichterloh brennt.

Schließlig het's Trudi sy großi Kopflarve vo de hindere Sitz gfischt und afo an dr Fänschterkurble drille. Bis er gsait het, eso käm's nie zuem Wage-n-us und er em dr Schlag ufgmacht het.

«Morn wird gäßlet. Kunsch au, Trudi?»

«Hitte, mainsch, Haiggi. Es isch jo scho Zyschdig-morge», het 's Maitli glacht. Es well luege und kenn no nyt verspräche.

«Tschau!» Und dusse-n-isch es gsi. D'Sporre hän klirrt. Denn isch e Gätterli gange und dr Haiggi het dr Motor aglo und isch dervo.

Wenn sy Frau jetz im Wage gsässe wär, hät si bestimmt dänggt, dr Haiggi fahr e bitzli zschnäll. Und si hät sich gwunderet, daß er dr Radio eso lut ufdrillt und d'Schla-ger mitgsummt het. Aber wie gsait, d'Frau Santschi isch in Arosa in de Schyferie gsi, und si het fescht und dief gschloofe und kai Ahnig gha vo allem.

Dr ganz Zyschdig dure het dr Haiggi gschafft. Er isch guet zwäg gsi. Vo sym dumme Härz het er iberhaupt nyt gschpyrt. Er isch frehlig gsi und het sich komischerwys nit e bitzli ibernächtig gfiehlt.

Zobe, wo-n-er ins Schloofzimmer isch, um dr Blätzli-bajaß azlege, het er gseh, daß uf dr Bettvorlag ganz e Huuffe roti Räbbli gläge sin. Er het gschmunzlet und in däm Augebligg aigetlig 's erscht Mol wider richtig ans

83

Trudi dänggt. Und er het sich gfrogt, ob's ächt au käm.
Er isch d'Stäge-n-in erschte Stogg abe und het by jedere
Stuefe abzellt: es kunnt, es kunnt nit, es kunnt!

Am achti zobe het sich d'Clique in dr Gloschterstube ver-
sammlet. Alles isch im Charivari gsi. D'Stadt het braust
vor Lyt. Iberall het me drummle und pfyffe heere. Gugge-
muusigge sin mit mißdeenige Melodie-n-umenanderzoge.
Dr Haiggi het allne Kamerade guete-n-Obe gsait. Es sin
au e baar masggierti Ehefraue derby gsi. Aber vom Trudi
kai Spur. Er isch ans Buffet, het e Zwaier Cully in aim
Zug abegstellt und denn isch er uuse-n-uff d'Strooß und
het gwartet, bis sich dr Zug formiert het.

Bletzlig isch e-n-Alti Dante vor em gstande. Ihr Taffet-
klaid het gschilleret. Mit hocher Stimm het si gfleetlet:
«Lueg emol do, dr Haiggeli, dä hochmietig Kärli. Do
hesch fir zwanzig!» Und im glyche-n-Augebligg het dr
Heerr Santschi e Hampfle roti Räbbli im Gsicht gha.

«Bisch also doch ko!» het er gstrahlt und wär am Trudi
am liebschte um dr Hals gfalle. Aber er het sich zämme-
gno und em d'Hand druggt. Dur dr wyß Bauelehändsche
dure aber het's en dunggt, 's Trudi gäb em d'Hand uf e
perseenligeri und neecheri Art, als me das sunscht macht.
Und im glyche-n-Augebligg het dr Haiggi sy Härz
s'erscht Mol wider e bitzli gschpyrt. Es het drei-, viermol
unruehig gege 's Ribbegitter gflatteret, wie-n-e Vogel,
wo sich pluuderet, bevor er sich ins Näscht kuschlet.

Und denn hän d'Basilisgge gäßlet, daß es e Fraid gsi isch.
's het kai Parademarsch dur d'Freye Strooß gä, me-n-isch

durs Gärbergäßli und als hindedure bis zuem Stainebach-
gäßli. Denn uf dr iberbauti Birsig und wider in d'Staine.
Allbott isch me-n-ykehrt. Und jedes Mol het me-n-e
Drungg gno. Und immer isch dr Haiggi digg yghängt
mit em Trudi gloffe. Ebbenemole het er e verdraulige
Drugg am Arm gschpyrt. Und vom Zwelfi ewägg het er
gmerggt, daß 's Trudi sy kätzerischi und satirischi Art
abglegt gha het. Das Maitli isch efaimol gsi wie Wachs.
Am zwei demorge isch er wider vor sym Wage gstande
und het ufbschlosse. Kuum sin si dinne gsässe, het er
zwai starggi Ärm um sy Hals gschpyrt und denn isch er
vo-n-ere iberstreemende Zärtligkait umgä gsi, wie-n-er's
scho lang, lang nimm erläbt het.

Noch ere Stund het sich dr Haiggi mit haißem Kopf
frei gmacht und ufs Armaturebrätt gstarrt, wo dr
Tachometer syni griene Gschpängschterzahle het lo
lychte.

Mit haiserer Stimm het er zuem Trudi gsait, er wiß nit,
was mit em los syg. Aber ains wiß er, nämlig daß är 's
Trudi wahnsinnig lieb haig.

Das jung Maitli isch em vo hinde-n-in d'Hoor gfahre,
ebbis, wo nit emol sy Frau het derfe! Und het gsait, er
soll nyt sage. Das syg gfährlig. Er het sich im stille
gfrogt, was do dra gfährlig sy kennt und het zwai wyßi
warmi Händ gschtrychlet. Die baide sin schwärelos im
Wage gsässe. Emol äng umschlunge und denn wider je-
des brav in sym Winggel. Am vieri het 's Trudi gsait, es
mieß jetz go. Es het no-n-e lange-n-Abschid gä und denn
86

isch dr Haiggi dervogfahre. Aber dasmol ganz langsam, als mießt er uf basse, daß nit ebbis verheyt.

In däre Nacht het er kai Schloof gfunde. Er het sich im Bett ummegwelzt und alles unde-n-use gnäschtet. Am andere Morge het er e Kopf gha wie-n-e Seschter. Im Gschäft het er sich mit ere Statischterolle begniegt. 's het en dunggt, er dänggalli Minute an 's Trudi Belmont. Am zähni het er's nimme-n-usghalte. Er het dr Delifonapparat anezoge und d'Nummere vom Trudi ygstellt. Aber si isch bsetzt gsi. Und nochhär het er dr Muet nimme gfunde, azlyte.

Am halber zwai het sich dr Zug vo de Basilisgge wider formiert. Dr Haiggi isch mit eme richtige Ulanesprung uf sy Fuchs uffe. 'sRoß isch irgendwie närvees gsi. Zwaimol het's mit em Hinderfueß noch em Schänggel gschlage, well dr Haiggi – ganz ohni z'welle – dr Gaul mit de Spore kitzlet het. Wo d'Damboure-n-ihri Drummle hän afo schrängge und druff ummebebberlet hän, het 's Roß e bletzligi Hinderhandwändig gmacht. Das het dr Haiggi maßlos gergeret. Aber me soll sich nie iber sy Roß ergere, sondern iber sich sälber.

Und denn isch 's Trudi uf sym Rabbe ko ryte. Dä Kohli het muetwillig mit dr fyne Stahlstange im Muul gspilt und denn isch er mit de floggige Libbe-n-am Zigel entlang und het versuecht, d'Hand vo dr Rytere znäh.

Dr Haiggi isch graizt gsi wie-n-e Puffotter. Er het im Stallbursch gruefe und gsait, d'Stygbigel syge zlang gschnallt, er kenn jo d'Fueßspitze abedrugge.

Es het en daub gmacht, daß 's Trudi d'Masgge scho agha het und erscht, wo-n-äs zuenem anegritte isch und em d'Hand iber dr Hals vo sym Ryttier entgegegstreggt het, isch es em mit aim Mol wehler worde.

Wo denne dr Zug in Bewegig ko isch, het er alli Mieh gha, sy Roß im Zaum zhalte. 's Ryte verlangt, daß me sich ständig in d'Psyche vom Tier versetzt. Bsunders gilt das, wenn me-n-inere Mentschemängi rytet und 's Tier vom Drummle und Pfyffe närvees wird.

Dr Haiggi het sich e paar Mol ertabbt, wie-n-er yfersichtig in d'Mängi gstarrt het, wenn 's Trudi irgend naime-n-ane grießt het.

Die ganzi Zyt het er an das Maitli dänggt und immer zue-n-em iberegluegt. Und sy Roß het em als wie weniger gfolgt. Me mueß dr Kopf by dr Sach ha, wenn me-n-uff eme Bygger hoggt.

«Adie Babbi!» het bletzlig ebber näbenem gruefe. Dr Haiggi het under syner Larve-n-e bluetrote Kopf griegt und sich e-n-Augebligg richtig gschämt. s' Bettina, sy Dechterli, isch im Stroßegräbli gstande-n-und het en am Stifel ghebt.

Vo däm Augebligg a het er sich e bitz zämmegno. Dr Gaul het nimm eso stargg mit em Kopf gschlage und 's isch besser gange.

Was no an kainer Fasnacht bassiert isch: dr Haiggi het fascht nit kenne warte, bis dr Nomidag ummegsi isch. Ändlig isch denn dr Wage-n-ab de Schine und d'Roß sin abgholt worde. In de Strooße-n-aber sin d'Lyt bis am
88

zwelfi znacht gstande. Alli Clique hän gäßlet und es isch e-n-unerheerte Bedrib gsi.

Und wider isch dr Haiggi kai Schritt vom Trudi ewäg. Jo, er het sogar ebbis gmacht, wo-n-em friehner nie y-gfalle wär: amene scheene-n-Augebligg het er sich vo de Basilisgge gleest und isch mit däm Maitli uf und dervo. Und imene dunggle-n-Egge sin die baide meh als e halb Stund ängumschlunge im kalte Wind gstande.

Am vieri isch er haimgfahre, dr Haiggi Santschi. Wo-n-er dr Wage-n-in d'Garage do gha het, isch es em gsi, es lueg en us em Fond vom Auti e Gsicht a. Er het die hin-deri Dire-n-ufgmacht und die Alti-Dante-Larve vom Tru-di entdeggt, wo die ganzi Zyt iber dert gläge-n-isch sit am Zyschdigzobe. Er het si mit sich uffegno ins Schloof-zimmer und si dert ufs lääri Bett vo synere Frau glegt. Am andere Dag het dr Haiggi syni Goschdym uf em Eschtrig versorgt und d'Larve vom Trudi näbe die vo sym Blätzlibajaß bettet.

Dr ganz Donschtig dure het dr Presidänt vo de Basilisgge e gueti Stimmig gha. Alles isch em us dr Hand gloffe. Er het iberhaupt nit gschpyrt, daß er so wenig im Bett gsi isch. D'Fasnacht het en so scheen dunggt, daß er ihre kai Dräne nocheghylt het. Und er isch dr Uffassig gsi, jetz syg ebe-n-alles umme und was zruggblyb, das syg e scheeni Erinnerig.

Aber do het er sich gwaltig dyscht, dr Haiggi. Jo, d' Fas-nacht isch umme gsi. Nit aber die Sach mit em Trudi Bel-mont. Eso ebbis kimmeret sich nit um Ablauf und Ka-

90

länder. Das will nyt wisse vo Ywänd und Vernumft. Do
kame lang welle stargg sy. Wenn ebber bsässe-n-isch vo-
n-ere Sach und sich vyli Johr zrugggstauti Lydeschaft e
Bahn ryßt, derno mechti dä gseh, wo däre Fluet gegen-
iber e Staudamm baut. Scho am Donschtigzobe het's dr
Haiggi fascht verrisse vor langer Zyt noch dr schlangge
Vorrytere. Er het sich zwor vorgno gha, frieh ins Bett
z'go. Aber am achti isch er im Gloschterstibli vor eme
Zwaier gsässe und het im stille ghofft, d'Vorrytere käm
au uf dr Gedangge, är kennti dert sy und dorum schnäll
uf e Sprung yne. Es isch aber niemer vo de Basilisgge
ko. Alles isch wohrschynlig an däm Obe frieh in d'Fädere.
Am elfi znacht isch dr Santschi uf e Bahnhof, sy Frau go
abhole. Die isch bruunverbrennt und in beschter Luune
us em Zug gschtige. Si het em sogar e Schmutz gä, was
au scho lang nimm bassiert isch. Laider het si kai Ahnig
gha, wie's um ihre Ma gstande-n-isch. Und si het au gar
nit kenne verstoh, daß er si sit dr Fasnacht ebbenemole
eso gschpäßig agluegt het. Zwai oder drei Mol het er si
zärtlig gstrychlet. Si het en verstuunt agluegt, aber nit
wyter reagiert. Velicht hät si em hälfe kenne, däm große,
dumme Haiggi und en mit frauliger Hand us dr Glemmi
fiehre. Jänu, 's het halt nit solle sy!
Uf alli Fäll het dr Santschi zwai Dag no dr Fasnacht am
Trudi Belmont adelifoniert, wo-n-er's nimme-n-usghalte
het. Er het gsait, er mieß es aifach gseh. Und 's Trudi isch
– e bitz zeegernd – yverstande gsi.
Am Mäntig isch er – statt an Cliquehogg – mit em Trudi

in d'Stadt. Si hän inere versteggte Wybaiz e baar Gleeser
drungge. Und so isch d'Underhaltig, wo am Afang e bitz
harzig gange-n-isch, bald emol in Schwung ko.

Es isch zuem erschte Mol gsi, daß er 's Trudi in Zivil
gseh het, ohni Masgge und ohni Goschdym. Und es het
em no besser gfalle-n-als vorhär. Es isch e ganz e-n-an-
deri Frau gsi. Wo si speeter in ere vergässene Strooß im
Auti gsässe sin, het dr Haiggi wider sy Brille-n-abgno.
Und 's Trudi ganz automatisch d'Ohreclips. Und denn
hän baidi mieße lache, obwohl 's ene aigetlig ehnder ums
Hyle gsi isch.

Ganz eso vergässe isch ibrigens die Strooß au nit gsi.
Allbott isch e-n-Auti duregfahre und het mit syne Schyn-
wärfer in Wage zunde.

Am Sunntig isch dr Clique-n-Usflug gsi. Dr Haiggi het
gschwänzt und isch mit em Trudi in d'Innerschwyz go-n-
e Ganzdägige mache. Es isch e wahnsinnig scheene Vor-
friehligsdag gsi. In dr Umgäbig vo Luzärn hän si aghalte
und sin uf e Bärg uffedibblet. Naime sin si uf e Bänggli
gsässe. 's Trudi het sich an en glähnt und mit em Schirm
Bilder in Sand zaichnet. Denn het's gsait, es haig en am
Dag vorhär mit dr Frau zämmegseh. «Si seht verruggt
guet us. I wundere mi, daß du aigetlig mit mir gohsch. I
hät nie dänggt, daß i mit dir so wyt kennt ko.»

Dr Santschi het glacht und gsait, Luzärn syg jo nit sehr
wyt. Aber 's Trudi het en vo dr Syte här eso agluegt, daß
er bletzlig wider sy Härz gschpyrt het. Am Mäntig isch
er's im Gschäft go abhole. Am Zyschdig het er em roti

92

Rose gschiggt. Und am Mittwuch sin si wider vor d'Stadt use gfahre, um e Glas Wy go z'dringge.

Wo si d'Dire-n-ufgmacht hän, het dr Haiggi grad imene Basilisgg in d'Auge gluegt. Dä isch an dr Bar gsässe und het gmacht, wie wenn er en gar nit gseh hät. Und an däm Obe isch es am Haiggi bletzlig klar worde, wie wenn e baar Lychtraggeete iber eme unbekannte Gländ ufgange wäre, daß er in e Sach ynegschlittlet isch, wo kai Uuswäg meh drususe fiehrt. Im glyche-n-Augebligg het er erkennt, daß die versteggte Rendez-vous und Haimligtuereye, die abgstohlene Minute und verbottene Delifongspräch us dr effentlige Kabine ebbis ganz Wiechts an sich gha hän, ebbis, wo die scheenschti Liebi drunder lyde mueß. Und wo si emol dra zgrund goht.

Er het drum brobiert, sich zruggz'zieh. Er het gege die Grangget, wo ihn und 's Trudi paggt gha het, akämpft. Aber denn isch er dehaim oder im Gschäft ghoggt und het sich dodungligglig gfiehlt. Syni Gedangge sin wie Raubkatze im Kefig uf und ab. Si sin sich usgwiche oder hän sich – immer mit glyche-n-Abständ – verfolgt. Und wo-n-er gseh het, daß au 's Maitli rettigslos in ihn ver-liebt gsi isch und er gmerggt het, daß es kai Uswäg us däre Situation gä ka, het er bschlosse, allem e-n-Änd zmache. Meegligerwys hät er solle mit synere Frau rede. Velicht hät si en frey gä. Wär waiß! Das ka me hindedry jo als sage.

Nai, nit daß dr Haiggi dr Gashahne-n-ufgmacht hät oder sunscht ebbis ähnligs. Er het sich uf e ganz anderi Art umbrocht. Fascht uf e legali. Er het aifach alles wider afo mache, wo-n-em dr Doggter verbotte het. Er het afo rauche wie-n-e Dirgg, Iberstunde gmacht im Gschäft, grampft wie-n-e Verruggte, vyli Dasse schwarze Kaffi drungge, fascht nimme gschloofe. Und in dr kurzbemässene Freyzyt het er 's Trudi droffe.

Amene scheene-n-Obe, wo si baidi spoot iber die Mittleri Brugg bummlet sin, het er bym Käppeli Joch das Gleesli in Rhy gworfe, wo-n-em dr Doggter fir dr Notfall gä gha het.

«Was isch das gsi, Haiggi?» isch 's Trudi ufgschreggt, wo-n-er mit dr Hand die raschi Bewegig gmacht het.

«Nyt», het er gsait, und si sin wyter.

Drei Wuche speeter isch e großi Mentschemängi uf em Hernli usse gsi. Offizier usem Haiggi sym Stab, Architeggte-Kollege, vyl Frind und fascht alli Basilisgge hän ihm in dr Abdanggigskapälle die letschti Ehr erwise. Es hän verschideni Lyt gredet. Aine het gsait, dr Haiggi syg an dr Managergrangget gstorbe. Er haig immer zvyl gschafft. Und dr Heer Pfarrer het in dr Breedig gsait, es syg gschpäßig gsi mit em Haiggi: me hät kenne maine, er wiß, daß er bald mieß stärbe. Es säch grad so us, wie wenn's an dr letschte Fasnacht agfange hät. Er haig sithär e ganzi Azahl Bauprojäggt entwigglet. Und denn het er 's Läbe vom Haiggi in de letschte Meenet mit ere Kerze vergliche, wo an baide-n-Änd azindet wird. Si git e vyl hällere Schyn, isch aber au vyl schnäller abebrennt.

Was aber in Wirggligkait gsi isch, het niemer gwißt. 's

94

Trudi isch wie verstaineret im letschte Bangg gsässe. Äs isch 's ainzig gsi, wo g'ahnt het, daß dr Haiggi amene liebesgrangge Härz zueme junge Maitli zgrund gange-n-isch. Und äs het erläbt, daß es eso Sache ebe nit numme-n-in Biecher git, sondern au im Läbe. Sogar z'Basel. Und daß es an ere Fasnacht ka afo.

s' Bettina, ebe 's Dechterli vom Haiggi, isch alli vierzäh Dag – immer amene Samschtig – uf e Gottsagger usegfahre. Dert isch es als e baar Minute ganz ruehig blibe, wie wenn's vyl elter wär als erscht zwelfi. Synere Mamme aber het's nie ebbis gsait vo däne verainzelte rote Konfetti, wo's hin und wider – vom Wind verwait – ufem Grab entdeggt het. Si sin immer frisch und ney gsi, die rote Räbbli, und nit verbliche. Drotz Wind und Räge. Grad eso, wie wenn ebber ko wär, um si aifach anezstraie.